Female

Entrepreneurs on the Cusp of an Internet Revolution

Female
Entrepreneurs on the Cusp of an Internet Revolution

Female
Entrepreneurs on the Cusp of an Internet Revolution

互联网浪尖上的女性

行走的摩羯座 ◎ 著

人民出版社

Contents 目录

001 —— 序言一　从这本书阅读这个时代最美的颜色 / 李汉生

003 —— 序言二　女创业家的历史意义 / 戴志康

005 —— 序言三　浪来了，向上一步 / 金　俊

007 —— 作者序　拼过的人生更精彩

001 —— 女性创业可以更勇敢些
游谱旅行创始人 / 赵　杨

011 —— 她换了一个行业，被千万人关注
穷游网首席战略官 / 薛蓓蓓

020 —— 你认可一个行业，就得舍命狂奔
南瓜车创始人 / 卢　鑫

031 —— 最会修厕所的学霸，90后的超强行动力
无界联合创始人 / 韩昕锜

040 —— 纹身冲浪打泰拳的女工程师，回国跨界创业
北京画说科技有限公司创始人 / 杨舒婷

047 —— 曾经的叛逆少女，今天的全球购野心家
OOK 创始人 / 湛　宇

055 —— 学霸 Nini 的创业，别太把自己当回事
融尚私塾创始人 / 雪　霓

069 —— 焦虑、亢奋、孤独交替不休，才是创业最真实的样子
Weego 联合创始人 / 关晓菲

081 —— 创业就和这梅子一样，我忍到酸尽甘来
粿完粿了创始人 / 刘　羽

092 —— 大宗物流男人堆里的女创业者
福佑卡车创始人 / 单丹丹

101 —— 她出身教育世家，被 25 元的"大餐"吸引创业
秀美甲联合创始人 / 任　松

112 —— 别说孕妇与创业无缘，看看这个"超能"孕妇
"创造设"联合创始人 / 杨索娜

122 —— 从被 80 家商户当成骗子，到签约 80 万商户
随行付联合创始人 / 孙　慧

130 —— 为什么明星都找她买饰品
蝴蝶天使创始人 / 魏汝芬

140 —— 为了让海归们重回巅峰，她费尽心机
Talentslink 公司创始人 / 冯　娇

150 —— 清洗奶瓶这件小事，她 32 小时内众筹到 100 万
哈密瓜科技联合创始人 / 金雪明

159	**爱很简单，却不容易**	
	奶牛妈妈创始人 / 聂维维	

166	**我卖了 100 多万只游戏手柄**
	新游互联合伙人 / 曹水平

173	**她让科学变为乐趣**
	火星人俱乐部联合创始人 / 陈琳姗

181	**从投资人的班主任 到餐饮创业者**
	宴说创始人 / 张　彦

194	**入住率接近 100% 的创业空间，穿得下十年前衣服的美女老板**
	优投空间创始人 / 代瑞红

202	**我们的创客平台比普通孵化器给你更多**
	国安创客总经理 / 薛　玮

208	**投资是大型企业创新的工具**
	联想创投集团 CMO / 陈蜀杰

序言一　从这本书阅读这个时代最美的颜色

初识 Tina，是作为嘉宾参加她办的"女 BOSS 炼成记"女性创业营的活动，活动后我们谈起对女性创业的看法，又聊到她即将出版的新书，感受到 Tina 热衷服务女性创业群体的初心。

对创业者来说，这是一个最好的时代。大众创业，万众创新，国家倡导的"双创"的浪潮，创业的环境正在飞速发生着巨大的变化。国家出台了系列的支持政策，各地政府在优化城市的创业环境及各种创新创业的载体，创业园区、孵化器、众创空间不断涌现，全面给予创业者各种支持，最大程度地减少创业者的创业成本。而中国的资本市场，从天使投资到 VC，存量和增量都得到了前所未有的规模和增长速度，虽然受到一些因素的影响，资本市场出现周期性波动，投资步伐暂时放缓和回归理想，但优秀的项目却总是能得到投资的支持。

与双创的时代背景相对应的，是移动互联网时代的产业背景。移动互联网，正在对中国传统经济进行改造和升级，对人们的消费习惯和生活方式带来巨大的改变。这种改变，正在不断带来新的商业机会和创业机会。优秀的创业者，总是能敏锐地发现并研究用户痛点，从而推出创新的产品和服务去满足用户。

创新，推动时代进步，创新，改变人们生活。

身处在这样的一个时代，感受着创新创业的风起云涌。在创业的人群中，不乏特别优秀的女性创业者。她们，是这个时代里最美的颜色。

这本书，以女性创业者群体为主角，展示了 20 多位女性创业者，处在初创阶段及成长阶段的项目，Tina 以一位女性独特的视角，倾听她们的成长故事和心路历程，用理性和感性相结合的笔触去表达，向读者展示一个个真实的、鲜活的、个性鲜明的女性创业者形象。虽然，她们也许不能代表所有的女性创业者，但是，新时代的女性创业者们，她们在各自的领域不断地探索、创新，在克服问题和挑战中不断超越和成长，她们的选择，她们的思考，她们的努力，她们的能量，她们的闪耀，她们的迷茫，她们的喜悦……在这本书里，你都可以感受得到。

对于那些正在路上的创业者们，这本书还能带来启迪和借鉴意义。每一个人，每一个项目，都可以打开一扇门，让你了解到项目的同时，也了解到项目所处的细分领域，以及里面蕴含的风险和机会，创新的可能性以及成功的路径和商业规则。创业者，需要的是驱动力、创新力、领导力、执行力，当然不可或缺的还有超强的学习能力。互联网的时代，信息不断升级，环境不断变幻，让自己的梦想变成现实，在众多的竞品中脱颖而出，快速的学习非常重要。这本书，让创业伙伴们看到一个个创业故事的同时，带来一些思考。

创业，激发了人心底的渴望，让她们放下羁绊，勇敢去追逐梦想。创业，让她们主动走出舒适区，去迎接人生更大的挑战。能够主动选择，是幸福的，虽然也会孤独和无助。Tina 在做的，就是服务于这样一群女性创业者，用心给她们温暖的支撑，记录她们的精彩，陪伴她们的成长。这样的书，是有温度的，也相信，在 Tina 和团队的努力下，很快会出来更加精彩的女性创业系列书籍，期待！

李汉生
2016 年 12 月

（李汉生，精一天使公社创始人，知名天使投资人，华创盛景基金创始合伙人，中关村天使投资协会主要发起人，AAMA 亚杰商会创始会长，曾任方正电子总裁，惠普中国副总裁。）

序言二 女创业家的历史意义

如果以1995年中国开通北京、上海两个Internet节点为起始点的话,那么到2015年,中国互联网已经完整地走过20个年头。在这期间,我们经历了若干代互联网人的狂欢:从PC时代网民普及率的逐年递增,到移动互联网——只用了5年时间便走完PC时代15年的发展历程。毫无疑问,能够参与其中的人是幸福的,也是幸运的!

风云变幻,如今到了一个人人都有电脑、人人都上网的时代。在这样的时代里,我坚定地认为,女创业家们承载了独特的历史使命与意义——那就是凭借女性独特的视角,诠释着她们对美、对生活、对服务、对品质的理解。与男性阳刚能量所代表的拓荒、争抢地盘的思维方式相反,女性阴柔的能量能够更好地诠释爱与陪伴、精耕细作、感动人心的服务理念。这是时代的召唤,也是历史的必然。

不知十年后,本书中的女性创业者有多少已经把今天的创业企业做成了"独角兽",又有多少创业者消失在历史的舞台。但无论如何,恰恰是这样一群先驱者,用她们投身于创业的行动,为互联网的"后红利时代"指明了一条道路,引发和带动了更多互联网人拓宽自己的思维方式,在服务升级上做足功夫,为用户提供越来越用心、越来越细腻的产品与服务。

十多年前,李想、高燃、茅侃侃和我曾经因较早投身创业,而被打上了"80后创业者"的标签。之后我们突然发现,当我们成为了这群"80后创业者"

的代表的时候，我们也就肩负了某种时代赋予的使命。在十年前，人们很难相信大学没毕业就可以创业，也不相信这群幼稚的年轻人能做出什么事来。而我们的使命就在于用自己的努力去拓宽人们的信念，去唤醒更多的年轻人勇敢地投身到创业的大潮中。也许有人成功、有人失败，但更重要的是，人们开始相信年轻人是可以"不走寻常路"，去选择一种创业的人生，来收获一份不一样的生命体验。

如今的女性创业者，也肩负着某种使命：她们一方面会引领互联网"后红利时代"的服务升级，在市场中引发某种与"野蛮生长"相反的时代潮流；另一方面会唤醒更多女性心中的梦想与渴望，激励更多人投身到创造更大社会价值的旅程中去。这群人当中，也包括Tina、傅瑶和她们的团队，她们通过记录和报道更多女性创业故事的方式，去让更多女性感受到时代的召唤，去发现自身内在的力量，去见证属于自己的未来。

这个世界需要千里马，也需要伯乐。无论伯乐还是千里马，都是值得尊敬的一群人。

戴志康
2017 年 1 月

（戴志康，Discuz! 创始人，伙伴云创始人，伙伴创投创始人）

序言三　浪来了，向上一步

元旦假期，我正和家人在三亚清水湾一望无际的白细沙滩上享受阳光、蓝天时，接到高德老同事Tina的邀约，为她的第一本书作序。听到书名叫《互联网浪尖上的女性》，我不由地笑了："浪尖"二字相当应景——此时此刻，眼前的海浪正拍打着沙滩，翻滚起阵阵浪花，孩子们在浪尖上忽隐忽现。他们尖叫着、追逐着、嬉闹着，尽情享受大海带来的欢乐。

当然，像Tina这样的创业者，即便在假期，也很难有闲适享受大自然美景。如她自己所说，在过去创业的两年多时间里，她总共才休息了两天。这符合她"拼命三娘"的性格，同时也是大多数创业者的写照。

所幸的是，诸多女性创业者在事业中享受到另一种"浪花"。她们勇敢地踏了上去，成为浪尖上的弄潮儿。这便是时代赋予女性创业者的独特机会。"双创"政策让女性释放出了前所未有的创业激情。互联网和移动互联网的兴起则赋予女性创业的工具，降低创业的门槛，让她们涉足如教育、母婴、食品、美容、服饰、家居等与女性消费密切相关的领域，并将她们身为女性的天然优势发挥得淋漓尽致。

然而，创业之路从来就不平坦。女性创业者通常还要面临比男性创业者更大的考验和压力。2016年发布的《中国女性创业者研究报告》指出，女性创业者面临八大问题，依次为：资金紧张、缺乏人才、推广乏力、精力不足、缺乏核心技术、家人不支持、投资者不信赖、生育问题。女性创业者在公司和家庭里扮演的双重"CEO"角色常常让她们心力交瘁、身体透支。

《互联网浪尖上的女性》记录的便是这样一个群体。这 23 位优秀的女性创业者背景不同，性格迥异，但是读完每个人的故事，不难看出她们最大的共同点：敢于梦想、有能力将梦想变成现实。值得一提的是，这些女性创业者中有一半有家庭、孩子，甚至还有在孕期启动创业项目的"准妈妈"，这对因纠结生育问题而不敢创业的年轻女性或许是一种启发和示例。

作者 Tina 本人也是创业者。这个身份让她在采访其他创业者的时候能感同身受，对每一位女性创业者的成绩和洼地一并展现，骄傲与焦虑真实描述。我不是创业者，却仍然被书中每一位主人公的创业故事深深吸引，并且强烈地感受到她们的人格魅力。在我看来，这本书不仅仅关于创业，更是关于如何追逐自己的梦想，让人生更丰满、更精彩。脸谱网首席运营官谢丽尔·桑德伯格写过一本著名的畅销书——《向前一步》。她鼓励职场中的女性在职场中积极进取，勇敢地"往桌前坐"，成为领导者。《互联网浪尖上的女性》则以鲜活的实例告诉我们，女性还可以积极创造"职场"。你需要做的是在浪来的时候，勇敢地向上一步，踏上浪尖，放飞自我。

我希望每一位女性和男性都能读读这本书，更好地规划未来，创造自己想要的生活。

（金俊，独立投资人。曾担任苹果、亚马逊、微软等世界顶级高科技公司高管。阿里巴巴／高德首任 CMO、特斯拉中国首任 CMO。）

作者序　拼过的人生更精彩

从来没有一个时代像今天这样，有这么多的女性创业者。

中华民族五千多年的历史，女性从贤妻良母、三从四德的文化状态，走到今天可以作为创业者集体登上商业舞台，这是中国五千多年社会进步的一大标志，是一件具有划时代历史意义的事情。

这是一个最好的时代。

在最好的时代里，我想要记录这段历史，展现这个时代的女性群像。

我是计算机信息管理专业毕业的，不擅长用过于华丽的语言文字来进行写作，我把自己的文字比喻为白菜土豆，希望用简单的文字来展现女性创业者最真实的一面，不要过度包装。

一道高贵的佛跳墙是美味的，但却不可日日食用，而如何用普通的白菜土豆做出让人回味的佳肴，是更大的挑战。

客观、真实，是我遵循的维度。

世界从未如此纷繁美丽

2014年年底我创办了"事业线"的第一个女性创业者社群，到现在我们的社群成员已经有几千人，来自全国甚至海外的中国女性创业者，聚集在一起，探讨事业与人生。原创的女性创业者专访也推出了超过100篇，深受广大网友的喜爱。

在这本书里，精选出了23个优秀的女性专访，其中包括3位优秀的女性投资人和20位创业女性。她们的身影活跃在投资、旅游、金融、美业、饰品、餐饮、教育、轻奢、母婴、食品、手游、空间设计、办公空间、生活方式等各个行业，每一位都做得非常出色。我把这些不懈追求人生价值的女性通过我的文字描绘出来，给更多的人看。

在我的笔下，她们不仅是优秀的、精彩的，更是真实的、坦诚的。那些创业路上经过的坑、犯过的错，都会透过我的笔，坦诚地讲给你。那些值得骄傲的成绩，更加值得大声说出来。

这个世界因为有了她们，如此纷繁美丽。

我懂她们的世界，因为我也是名创业者

从2015年4月开始写女性创业者的故事到现在，我只休息过两天。

创业是一个需要源源不断自造太阳的过程，这是我的切身体会。

在发出第一篇女性创始人专访之后，传播很广，浏览量很大，就有很多女性创业者主动找上门来。其中甚至很多一线的资深媒体人也来找我，包括时尚集团前副总裁、大众点评前高管等，真实走心的"白菜土豆"得到了大家的喜爱，就这样，我开始持续不断地进行内容创作。

2015年年底收到人民出版社的邀请，很荣幸地接受邀约。

中国的创业女性正在走上世界舞台，姿态飒爽。

我要让更多的人知道她们，了解她们。

这也是第一本全面记录中国女性创业者的书籍。

每个人都是不一样的世界

作为写作者，我用观察员的视角来关注这个群体。

作为创业者，我经历着和她们一样的奋战、孤独、困惑、激昂、绽放。

我希望通过这些内容，能够记录下这个时代背景中，新女性的事业、生活与精神世界。我希望通过这些内容，能够告诉大家，在这个世界上，女性的人生可以拥有更多的可能性。

如果你问，用哪些关键词可以定义这些创业女性？

这很难，因为每一个女性创业者，都是一个不一样的世界。

最后要感谢盛业联创投资有限公司董事长姜汐、精一天使创始人李汉生、优投资本创始人代瑞红、Discuz！创始人戴志康，独立投资人金俊五位老师对本书的大力支持，同时感谢傅瑶、赵杨、杨索娜、李里对本书做出的贡献。

（行走的摩羯座，英文名Tina，优秀女性的社交+内容平台"事业线"创始人，12年互联网行业工作经验，曾做过亿级用户平台运营管理者。）

女性创业可以更勇敢些,

女性创业可以更勇敢些

赵 杨

游谱旅行创始人兼 COO

北京／狮子座

赵杨，曾任 Tripadvisor 旗下酷讯旅游 VP（Vice President 副总裁）快乐 e 行商旅网 VP。

融资状态

A 轮由 GGV（纪源资本）领投，经纬创投、淳时资本、左驭资本跟投。

游谱旅行

游谱旅行是一款主打个性化、性价比的出境旅游 APP，主要功能有三：一是进行个性化行程设计；二是提供特价旅游产品；三是提供行程攻略，与多数攻略社区不同，游谱的攻略采用达人生产的 PGC（Professional-generated Content，专业生产内容）模式。

推荐人评语

赵杨是一位享受创业、拥有激情又脚踏实地的创业者。

——肖敏（经纬创投合伙人）

豪华团队哪里来，专"挖"别人家的一把手

2015 年 9 月 21 日，出境游在线服务商游谱旅行宣布完成千万级人民币 A 轮融资，此次融资由 GGV 领投，经纬创投、淳时资本、左驭资本跟投，左驭资本同时担任此次融资的独家财务顾问。

2015 年 2 月，原 Lonely Planet（孤独星球，被誉为自助游旅行者的圣经）中国区总经理李小坚，原蜗蜗游旅行网 CEO 钟鸣，正式宣布加盟在线旅游创业公司——游谱旅行网；3 月初，原 Lonely Planet 中国出版人叶孝忠加盟游谱旅行，这几乎是最近两年里，堪称国内旅游业创新公司中最豪华的团队，什么样的创始人有这样的凝聚力构建起这样的明星团队呢？她，就是赵杨。

赵杨：我和游谱

旅行不是去看外面的世界，而是去发现自己。创业也一样，不是为了去成就事业，获得回报；而是去发掘未知的自己，实现梦想。

事业线：为什么会想到做游谱这件事？

赵杨：起初于自己的一次说走就走的旅行，因对目的地的不了解及未准备攻略而玩得不够尽兴。所以觉得应该做一件服务于出境自由行用户的无线产品，改变中国人在出境自由行中的窘境。

如何吸引来第一名员工

事业线：听说你在当初公司什么都没有的时候纯靠讲故事吸引来一名技术牛人？

赵杨：呵呵，这事确实有。我当时偶然看过他的作品，让朋友介绍，见面时我给他讲了爬山和冲浪，他就属于游谱了。

爬山和冲浪都需要体力和耐力，但是二者有什么区别呢？爬山的话山就在那，你想爬随时都可以，就跟我们打工是一个道理——如果你想打工，你随时都能找到一个工作然后去做这个事情，但是冲浪的前提是什么？前提是得有浪，我觉得现在是一个最好的时代，不管创业也好，或者单看旅游这个行业，移动互联网机会，自由行这个市场的发展，都是前所未有的。我在互联网行业做了很多年，像这样的机会真的很少，我对他说如果你不去试一下的话，肯定会遗憾。讲了这个故事以后他就特别感动，然后他说："你说得对，我必须试一下，不试一下就对不起自己了"，他是我们的第一个员工——一位技术"大牛"。聊完后他很快就辞职出来，我给他买了一台最好的苹果笔记本，特别逗的是，他每天早上拿着笔记本和他老婆很郑重地说"老婆，我去上班了"，然后拿着笔记本转身走进他家书房，开始工作。因为当时我们没有办公场所嘛

（大家一起哈哈笑起来。）

事业线： 创立游谱的时候怎么想到取这个名字的？有什么想表达的理念在里面吗？

赵杨： 游谱这个名字还挺偶然的，我们当时的思路是先找一个合适的英文域名，当时想到一个词 you tripper，然后想给它一个中文的原意，后来大家开始头脑风暴：先想到游，tripper 里有谱的那个发音，"游谱"和"有谱"同音，让用户知道我们是一个很靠谱、很能把事情做好的旅行网站。"谱"呢其实是有一种章法、条理的事情，和我们想做的事是完全一致的，我们要做的是行程设计和规划嘛，它其实也是一种通过图谱的方式帮用户实现自由行的路径，所以觉得特别好。

事业线： 游谱目前取得了什么样的成绩？

赵杨： 已完成 GGV 资本的 A 轮投资，目前积累的用户量近 500 万。在行业和用户中都形成非常好的口碑。

事业线： 你觉得自己做的事情在哪些方面影响了哪些人？

赵杨： 在合作伙伴和员工方面，为大家创造了一个实现梦想的平台，每个人都是游谱的创业伙伴，因此大家在团队中可以发挥所长，有 Ownership。

用户方面，我们也赢得了大量热爱游谱的用户（400 多万），他们使用游谱的产品，每天与我们分享他们的旅行经历，并在这里获得与旅行相关的有用

的信息和内容。

事业线：听说你们的创业团队阵容很豪华，他们是怎样加入的？

赵杨：可以说是因为梦想走到一起，相近的年纪，对旅行的热爱，对无线互联网和旅行行业机会的一致判断。不甘于安逸的生活现状，很强的资源互补性，所以会选择通过一起创业来实现自己的梦想，自然走到一起。

（注：CEO 李小坚原为 Lonely Planet 中国区总经理，首席内容官叶孝忠原为 Lonely Planet 中国区出版人，首席商务官 CCO 钟鸣，原为蜗蜗游 CEO。）

事业线：员工会和你打成一片吗？

赵杨：会。在游谱没有领导和下属，只有判断的对错。所有人都可以大声讲话，不对的地方，即便是 CEO、COO 说的也会有人站出来反对。

事业线：用户和你们有哪些好玩的互动？

赵杨：用户是游谱不可或缺的一分子，游谱成立一年多的时间，渐渐有了一批"死忠粉"。他们会在我们的产品里分享他们的成长与旅行经历；在微信群里给游谱的产品提意见；参与游谱的线下活动，做游谱的义务宣传员。甚至很多用户执着地要求加入我们，成为游谱的创业小伙伴。特别是我们的行程规划师招募计划，让一大群热爱旅行，拥有丰富经历且乐于分享的小伙伴们加入我们。

事业线：游谱在国外有同类项目嘛？

赵杨：目前还真没有，PGC（Professionally-generated Content，专业生产内容）相对比于UGC（User Generated Content 指用户生成原创内容）最大的差异是原创、专业，所以这也是做这件事情很难的原因——需要海量原创。

家庭日拒绝手机

事业线：能谈一下工作之余与家庭的相处，家人支持你吗？

赵杨：创业没有家人的鼓励和伙伴之间的信任与默契，会是很痛苦的。

作为一个五岁女孩的母亲，觉得对家人还是亏欠很多的。有时候工作日一周都见不到女儿，她会给我发微信，说妈妈你好好工作，能早点回来就早点回来。一次带女儿去公司加班，她看到我的公司会说，"妈妈你真棒，有自己的公司，我之后也要像你一样！"

先生也很支持我，经常会自己在家带孩子。所以，我尽量每周有一天时间全身心的陪家人，尽量强迫自己这一天拒绝手机。我也希望通过自己的努力给女儿树立榜样，让她拥有一个积极阳光的世界观。

向男性学习

事业线：你说女性创业者、管理者可以更勇敢些，事情可以想的更大些，能解释一下吗？

赵杨：首先创业女性的比例很低，很多投资人对女性创业不是很看好，可能是因为大多数女性创业者相比男性在思维上、战略上整体缺乏高度。

女性创业者她们的出发点往往都是自己喜欢什么、自己能做什么。这里面有一个点很重要，就是自己能做什么。可能大多数（女性创业者）为什么做的都比较小，就是因为她更多地想去亲力亲为。

但是身边的很多男性创业者他们首先就有一个优势：他们会比较有体系，而且他们可能会把事情想得比较大，在战略上更加宏观，也更擅长团队合作。

事业线：你有什么建议给女性创业者？

赵杨：首先要敢想，另外我觉得很关键一点就是要有配合度，要擅长建立团队。因为做事情绝对不是自己一个人能够做得好的，还是要团队作业。最重要的是一个人必须得认清楚我擅长做什么、我需要什么样的合作伙伴儿，在搭建团队的过程中可以更大方一些。包括就像股权的问题，可能就不要太计较说自己是不是非要控股，而是要考虑这个 partner 对你够不够重要，然后我们用什么样的方式能够让他对这个事情有同样的信任，愿意跟你一起去把这个事情当自己的理想去实现，这可能是更重要的。其实我觉得一个人能做成事儿，最重要的是取决于有多少人愿意帮你，这个帮的过程是非常重要的。不管是精神上的交流，还是利益上的一些分享、共享都是很值得的。

对"女强人"的称谓无所谓

事业线：你怎么看待有人会给女性领导者或管理者一个"女强人"的称谓？

赵杨：我对这个称谓是无感觉的，觉得它没有褒义或贬义的色彩。我是一个特别简单的人，不会去想性别在工作上、管理上的差异。有些人问过我说你为什么能这么年轻做到这么高的职位，自己出来创业并有这些积累。我说其实特别简单，如果做一项工作，我就想办法把它做好。这就是我，不管是叫成功秘诀也好或者晋升秘诀也好，我认为"简单"是一个最有效的方式。

事业线：所以我们有一个共同观点就是说，内心强大的人是不太在意外界对自己的一些看法和定义的，因为他（或她）很清晰地知道自己要什么，追求什么。

赵杨：是这样的。

她换了一个行业，被千万人关注 "

她换了一个行业
被千万人关注

薛蓓蓓

穷游网首席战略官
旅游卫视首席评论员

北京／巨蟹座

薛蓓蓓，前华泰证券旅游行业首席分析师，现穷游网首席战略官。

2016年7月初前华泰证券旅游行业首席分析师薛蓓蓓的一篇感言在网络上被疯狂转发，她在文中聊到人性、财富、自由、梦想、选择，引发行业内外无数反响与感慨，这篇感言在社交媒体上阅读量保守估计数千万。

"什么能让人撑过永不停歇的加班、熬夜和出差？或许大多数人选择证券行业是为了实现财富自由，可又有多少人在自由之后转身离开？在这个钱生钱的领域，我们看过了太多的红尘繁华，到了最后，'小鲜肉'熬成'老司机'，钱不过数字而已，梦想与成长才是值得坚守的东西。"

——以上出自薛蓓蓓文章《旅途永无穷尽》

离开资本圈，走进旅游行业，文中感恩与吐槽同在，语言表达真实没有遮掩，在金融行业非常少见。喜欢她的人喜欢她的真实、聪慧，好奇的人通过她的文章窥探资本行业。

事业线：蓓蓓你好，你在 7 月初写的那篇感言，被许多公众号转发，你知道全网总阅读量有多少吗？

薛蓓蓓：还真不清楚，我只知道文章发出后的很长一段时间里，每天都有我的朋友转给我一些公众号的转载，其中有不少阅读量是 10 万以上。

事业线：至少 3000 万，我们的编辑同事粗略统计了 4 个媒体平台的阅读量，已经是这个数量级了。

薛蓓蓓：竟然有这么多！确实没有想到。

事业线：有些媒体在转发时会有"标题党"的行为，让人们产生了误解，有影响到你和前东家的关系吗？

薛蓓蓓：不会。对我而言，前东家不仅给了我一份工作，也给了我一条成长的路，过去六年，有太多的老同事曾经帮助过我，我也在华泰奉献了六年的青春。作为国内顶级的券商之一，华泰这些年的成绩和影响力大家有目共睹，身在这个大平台里，能够看到学到的东西还是很多，不然我也不会只有两三年的研究经验就做到这样的成绩，更多的是因为站在巨人的肩膀上。

事业线：所以和前东家的关系其实是很好的，我看到你朋友圈上周还有前领导来你新公司探访的照片。

薛蓓蓓：是的，即使来到了新公司，从事新的工作，我做的事情并没有和以前完全切断，而是在企业这一侧对行业有了新的认识。如果有机会，我非常乐意和老同事聊聊新的变化，同时向他们请教行业的新方向。

事业线：现在你在新的角色上已经有几个月的时间了，喜欢自己现在的工作状态吗？

薛蓓蓓：挺喜欢的，现在穷游网（注：穷游网为国内最知名旅游平台之一）的各位同事是一群很有能力也很有趣的人，目前我在穷游负责战略，和各条业务线各个层面的负责人都有非常深的沟通和碰撞。做业务的思路和做战略规划的思路有所不同，大家接受和融合得非常快。

事业线：你觉得和之前相比最大的区别是什么？

薛蓓蓓：以前在资本侧所做的事情偏宏观，多是自上而下。现在在企业侧，则更偏微观，有时候更自下而上一些。来穷游之前，我对企业事务的细琐是有心理准备的，但当实际工作的细节扑面而来时，最开始还是略微有一点不太适应，每个业务无论大小都要翻来覆去琢磨，每个人都要用心地去了解和沟通。现在我已经很适应现在的工作了，当积累了更多微观层面的经验，再结合自己以前的宏观视角去看一些问题，会有许多新的思路，这个过程很有意思。

事业线：如果现在职场的90后女孩面临职业选择的困惑，你想和她们说什么？

薛蓓蓓：我自己带过不少实习生，有机会也很乐意去学校和同学们聊聊，和同学们的接触中，我感到现在的孩子们有一点着急，这是年轻时很自然的状态。我当初也不是毕业之后一步到位直接成为一名研究员的，也走过不少弯路，但是在这个过程中我越来越清晰自己想要成为一个什么样的人，该选择怎样的职业路径。我想对年轻的女孩子们说，一时想不清楚不要急，慢慢来，踏实把手上的每一件事做好，你会碰到合适的机遇和贵人。

以下为薛蓓蓓所写感言原文：

《旅途永无穷尽》

大概每一个80后在小时候都会被灌输一个梦想，男孩子通常想当科学家，女孩子则会选择做一名人类灵魂的工程师。随着时光流逝，人慢慢长大，这些梦想在无尽的竞争和比较中渐渐被遗弃，取而代之的是出人头地和功成名就……现实逼仄，容不下做梦的空间。

可是什么能让人撑过永不停歇的加班、熬夜和出差？或许大多数人选择证券行业是为了实现财富自由，可又有多少人在自由之后转身离开？在这个钱生钱的领域，我们看过了太多的红尘繁华，到了最后，"小鲜肉"熬成"老司机"，钱不过数字而已，梦想与成长才是值得坚守的东西。

虽然选择离开，但二级市场于我，如同自家的母校一般，容不得外人说他一点不好，纵然这里生态恶劣、过度竞争，但其他行业不曾有过的压力也正是它的魅力所在。加速折旧的另一面是加速成长，研究观的进步必然以世界观的成熟为基础。相比于表面光鲜靓丽的生活，心智的成长或许更令我感到愉悦，这份成就感是这么多年来能够坚持下来的重要动力之一。

此前在公司内部做了一次有关研究方法的分享，题目叫《研究三路向》，我把它当作是自己的告别演出。如果非要把那一个半小时的发言浓缩到一句话里，也许是"所有术的机缘巧合，背后都是道的理所当然"。后来他们把文字版纪要的题目改成了《投资与研究都是孤独的修行》，我想自己还是贪恋人世的喧闹和繁华，所以不能再在这条不归路上越走越远，于是在这个节点上选择悬崖勒马，及时抽身。

很久之前就有不少人猜我要走，有猜去友商的，也有猜去投行的，但直到5月份尘埃落定之前，很少人会想到我不止是离开华泰，而是彻底离开资本这个圈子。华泰于我是梦开始的地方，之所以要走，只因它不是我实现梦想的归宿。这话对很多人说过，但大家可能觉得只是场面上的说辞，毕竟冲着公司高管和股权激励跳槽才更符合常识。

但其实熟悉的朋友都知道，我从入行第一天就想好了今天的离开，因为这条实现财富自由地捷径于我而言不过是曲线救国的弯道。我的梦想有点大，企业内部按部就班的晋升不足以在我人生精力最充沛的年华获得实践的资格。

《天道》里丁元英说中国人缺乏强势文化，可我认为我们只是少了一点点自信，上百年来的师夷长技让我们忘却了自己的传统文化曾照耀过人类的文明。能够流传千年而不断生机的东西是不会过时的，诚然需要随着时代的进步不断加以修正，但内里的魂并不改变。宗教可以因为现世的需要而被重新诠释，文化也可以。

我们身处于一个伟大的时代，"中华之崛起"不再只是救亡年代的一句口号，我们需要一个与经济神话相匹配的文化奇迹。恭逢盛世是一代人的幸运，但同时也意味着一份责任，它虚无缥缈，但总要有人去做。而我，愿意去试试。当看到了穷游网"旅途永无穷尽"的理念，看到这个世界上还有那么多有趣的世界观和有趣的生活方式，看到Q-home的设计灵感，看到他们怎样在清迈、京都等一系列的城市中央，魔法般地创造了充满温度的厨房，大家把吃饭升级成有仪式感的终生难忘的体验后，我知道，加入这家公司是再好不过实现梦想的机会。而同时成为旅游卫视首席评论员，也将帮助我继续用一个更客观的视角，去挖掘和分析旅游行业，乃至于生活服务领域的变革。这缘于，旅行，是一个再好不过的切入点，去感知不同的文化、价值观和生活方式，前路漫漫，上下求索。

回想过去6年的从业经历，从入行时在营业部给大妈们办了一年的开户，到后来加入华泰联合证券钢铁组潜心修炼，熬过了整合后的两年动荡，2013年转而覆盖旅游行业，2016年再次转型，在31岁的当口加盟穷游……在A股市场，卖方分析师是碗青春饭，转型买方当个基金经理或者是找一家公司当一名高管是每一个研究员在成为首席后追求的归宿。

能在而立之初就做到这一点，感慨自己无比幸运，好像每一步都踩对了节奏，一点时间都不浪费。但佛说人生八苦，其一谓之"求不得"，追名逐利的到头来两手空空，心无杂念的反倒能成就一番事业——所谓无心插柳，看似巧合，规律而已。当然，要在一个高度不确定的市场里追求成功，运气是核心竞争力。但运气这种随机变量一不受主观能动性的影响，二来服从正态分布——对大多数人来说都很公平，所以重要的还是做好自己。就像一位前辈说的那样：人若无名，专心练剑。

关于运气，我个人更愿意理解为有人愿意帮你，毕竟努力只是成功的必要条件。这六年一路走来，想要感谢的人太多，很难面面俱到。感谢华泰和联合的老领导老同事，小伙伴们一起并肩作战的岁月；也要对旅游圈所有的大佬们都必须要说一声谢谢，谢谢你们一直以来对我们这个年轻团队的支持和指导，也希望我离开之后你们能够一如既往地支持他们！

在30岁出头的当口转换跑道，内心的纠结和忐忑远不像外表看来那么云淡风轻，于我而言，从资本到实业、从二级到一级，都是极大的挑战。的确有不少好友和尊重的前辈，一再劝我深思熟虑、继续留在资本市场，因着左边是一条可以看到更高风景、赢得更多掌声的道路，而右边，注定了要沉下去、踏踏实实地陷入最怕的细节之中。也许若干年后回头来看，就社会对成功的定义而言，这不是一个最明智的选择。

但梦想比成功的诱惑更大，这是一次再好不过的机会，所以还要感谢穷游团队——我的那些未来搭档们，是你们打造了一个如此美妙的平台可以让人看到梦想的曙光，也是你们的鼓励与包容让我相信，这样的转换前路并不荆棘。

所以，比起一个成功的人，我更愿意做一个坚持的人，谨以此文，献给所有拥有并坚持梦想的人。

2016 年 7 月 7 日于马赛

你认可一个行业就得舍命狂奔

卢 鑫
Echo

南 瓜 车 创 始 人

上海／狮子座

卢鑫，曾任大众点评首席流量官，连续4年获得大众点评网的最高奖项"总裁奖"。现为互联网美发预约平台"南瓜车"创始人。

项目介绍

南瓜车互联网美发预约平台，是一家专注于美发O2O领域的创新型公司，致力于打造健康美业生态圈。连接用户和美发师，价格体系透明、预约式服务轻松便捷。

融资状态

由安持资本领投，IDG、李治国、点亮基金及淮安奕山资本跟投的1000万美元A轮融资。

推荐人评语

卢鑫是一个为创业而生的人！

——张涛（大众点评创始人）

> "你认可一个行业觉得有机会，就得舍命狂奔"。
>
> ——Echo 卢鑫

南瓜车一开始的办公地点在上海长宁区的香樟公寓，这个曾经担任大众点评最高职位的女性高管，在想象中难免有距离感，可是一见面，这种顾虑立刻消除，本人亲和得像邻家姐姐一样。

女性消费的爆发

事业线： 你以前在大众点评看遍了国内大多数 O2O 行业的数据情况，为什么最后选择了美发行业？

Echo 卢鑫： 其实我们选择这个市场不光是看到这个行业它有多大，有多么光明的前景，而是看到了这个行业本身存在的痛点。

10 年前，我在深圳工作时也曾创业过，说实话，当时切入的时机非常好，但最后却没有取得一定意义上的成功，主要原因我归结为自身能力的问题。所以那时我意识到：创业，如果仅仅是有好的机会并没有用，你的才华必须要配得上你的机会和梦想。

后来种种机缘，我去了阿里巴巴，之后又从阿里巴巴出来加入了大众点评。在大众点评任职期间，我看到了 O2O 未来发展的巨大机会，多年前那颗一直想要创业的心火又再次被点燃。10 年来，我辗转几个大公司工作多年，积累了深厚的工作经验和过硬的工作能力，更重要的是，我今年 34 岁，风华正茂，青春正好，并且拥有一腔想要改变世界、改变行业的激情。我深深感慨，人这一生，不能辜负时代，辜负自由。于是毅然决然地放弃了舒适的工作，投入了创业大潮。

我为什么要做南瓜车呢？第一，我看到了未来女性消费的爆发，认可未来消费升级趋势,看好中国美业的巨大机会;第二,我在美业中发现了美发行业用户、发型师、老板及行业的痛点,认为互联网公司加入美发业,能真正地利用互联网技术和能力来帮助这个行业提高效率,体现价值。

美发行业现有痛点:

用户角度的痛点:对用户来说,因为大多都是女性,对发型美的需求是刚性的,但在实际消费过程中,经常面临两大痛点。第一是推销办卡,隐形消费。比如你本来准备花100块钱剪个发,结果发型师磨了半天紧着给你推销,花了1000块钱办了卡。不办卡不能打折、价格太高,办了卡可以打折,但额外多花了近1000元。第二是信息、价格不透明。每次去一个美发店之前你根本不知道要在这个店花多少钱才能走出门;你到一个店里,导购给你推荐发型师,价位有50元、80元,甚至360元,但是你并不清楚这些发型师之间到底有多大区别。

发型师角度的痛点:我很认可整个美发业里,发型师是真正配得上"手艺人"称号的。因为他们从洗头的助理做起,一般要在这个行业里做足十年,才算基本上路。但传统商业模式下发型师的收入构成是这样的:做发型佣金(小比例)+推销办卡佣金(大比例),这种收入构成导致他们的收入与手艺水平并无太大关系,实际上发型师变成了Sales(销售),大部分收入不是靠手艺而是靠

推销办卡的提成。顾客被推销所烦因此失去对发型师的尊重，发型师手艺的价值没有得到体现，职业上的价值感得不到外界认可。另外，绝大多数发型师做一辈子都很难建树个人品牌。

（上图为南瓜车收养的一只流浪猫，因为它到来那天日订单量破了600，因此它的名字叫小6，是南瓜车的吉祥物。）

事业线：这种模式持续几十年了，你们做了什么不同的事？

Echo 卢鑫：手艺人不应该靠推销办卡，而是靠手艺赚钱。在南瓜车，让发型师回归手艺人本质，你不需要推销办卡，佣金分成是你拿七我拿三，可能早期我连三都不要，全给你自己。我们这里，不少发型师可以一个月拿到三万的，你想一个人月收入几千和几万的生活状态肯定是不一样的。

事业线：美发业的传统商业模式架构，造成发型师只能变成一个推销员，但说到整体素质与审美，可能培训学校是不是也有问题，好像学费都不太高而且还是比较快餐式的那种？

Echo 卢鑫：就目前来讲美发培训学校是赚钱机构，而非一个教育机构。美发行业毕竟是时尚行业，发型师需要经常充电来了解日韩欧美的流行趋势，提高自己的美感。而上海发型师平均收入一月1万都不到，还得租房子吃饭养家糊口，根本花不起钱参加好的培训。而如果发型师个人收入高了以后，每月赚3—5万，他再给自己充电，就可以去看些真正的时尚秀，去日本欧美做技术交流，自然整体美感和服务素质就往上走了。

传统美发业模式之殇

话说回来，那美发店老板舒服吗？也不是。美发店老板的痛点在哪？第一个痛点是成本太高。比如房租，在上海稍微好一点的位置月租金要 10 万—15 万元，他要剪多少个头才能挣回你的租金？还有就是店面人力运营成本很高，从收银员、前台、助理到店长，都需要发工资，并且每年房租和工资成本都还要上涨。第二个痛点就是靠传统临街店引流越来越弱，而他们又不善于互联网营销，客户不够。第三个痛点，因为他们开店成本高，所以只能是靠办卡吸拢资金，拿了用户办卡的钱继续开店，开到最后其实已经不是美发店了，变成一个庞式骗局类的公司。哪天开不下去，就关店跑路。

我从 2008 年到 2014 年做了整 7 年的 O2O，谈过 200 多个细分行业的合作，平台上管理过 8 个行业的商务和运营。这些经验让我可以快速读懂一家 O2O 公司的模式、运营和步调。让我们来看看南瓜车的模式。

看南瓜车的美发业 O2O 模式

用户：在南瓜车 APP 挑选发型、发型师、预约时间，在线支付、评价美发师，选择离自己近的店面理发。APP 上有公开透明的价目表。

发型师：负责剪好头，做好服务，不需要推销办卡，收入归自己所有，收入区别在手艺高低上。在 APP 上拥有自己的"虚拟品牌美发店"，可以上传自己的作品，维护客户关系。

南瓜车：

精挑细选——发型师从面试到入驻平台要经过 6 场严格的考核；入选的发

型师需要遵守严格的服务标准。

提供场地——为发型师提供舒适的场地，即店面属南瓜车所有。

搭建平台——希望帮助发型师人群实现"靠手艺吃饭，做自己的老板。"

事业线：今年是美业的"大风口"，较多的创业项目都在做"上门"，几乎所有上门的O2O被资本热捧，你们怎么没跟风？

卢鑫：我们南瓜车做的事，对于用户来说，不用担心被推销，就是舒舒服服美发，按你自己的需要和喜好来，看完发型师的资料、作品、用户评分，在线直接预约发型师的时间地点，下订单支付。到了预约时间发型师已经在等你了。

对于美发师，也有一个APP，他可以管理他的用户、他的时间，以及他的作品，接到了订单好好服务，拿到高额佣金。在南瓜车发型师就是做头发，没有推销、没有办卡，只能靠他的手艺和服务吸引用户下次再找他。在传统店里每个人没有自己个人的品牌，得到差评了又能怎么着呢？但是你在我这里被差评了在网上很多人是会看到的，这会影响你未来整个职业的发展，所以说他会很珍惜每一个客户。用我们的话说就是走心了。

我们把美发这件事，从用户到发型师，变得更简单。现在看我们这样做美发O2O，是很重的闭环，但是长远看，就是巨大的竞争壁垒，是先重后轻。

对于美发上门这个事情，我们认为是不靠谱的，因为对于用户来说，体验太差了，烫发染发的很多设备是带不过来的；对于发型师来说，效率比原来还低，原本在店里一天可以服务10个客户，现在上门服务很多时间浪费在路上，一天只能服务3个客户，好的发型师根本不会去，愿意去的都是一些差的没客户的发型师，手艺又不行。所以上门这个事，要么是做对美没那么高要求的市场，比如老人、小朋友；要么是极高的市场，剪个发1000多元那种。对美有要求的大众姑娘们，上门美发是满足不了她们的要求的。

美发需要场地和设备，所以南瓜车提供线下场地。第一，我们提供我们自己的直营场地。从线上到线下，享受的是海底捞式的五星级服务。我们现在目前有两个直营场地，这个月还会出来两个。第二，我们会跟手艺和服务理念好的个人工作室合作，帮他们导流，他们的收入都归他们自己，甚至还对他们每多做一个订单有额外的奖励。

晒几个南瓜车觉得骄傲的数据

天山汇金店，开店15天做到大众点评5星商户，天山区域110个美发店里排名第一。

中山公园店，开店10天做到大众点评5星商户，中山公园区域350家美发店里排名第一。

可见用户对这种模式及对我们服务的认可，和传统美发店是完全不一样的。

事业线：听起来南瓜车做了几件特别好的事，把发型师这类手艺人从那种畸形的传统商业模式中解放出来了，让他们不再去做推销；同时让发型师拥有自己的品牌，自己的用户，手艺人的价值会被社会认可，他们能感受到自己的职业尊严。

为什么会起名叫南瓜车

卢鑫：南瓜车的名字来源于灰姑娘的童话故事，灰姑娘去赴宴见王子的时候乘坐的是南瓜车。寓意是让姑娘们变美，因为做的是美业嘛，所以有这个美好的寓意，同时也容易互联网化，更利于传播。

事业线：项目目前取得哪些成绩？

卢鑫：2015年4月18日，南瓜车APP和南瓜车第一家直营店上线，短短半年多时间，我们已经发展到了5个城市12家直营店的规模。南瓜车在上海开业两个月，就成为上海最受欢迎的美发店，目前靠口碑宣传累计用户数量已经超过20万。日订单量达4000个，月流水量超过600万。目前公司除了经营直营店之外，还在上海合作了2000多家美发店，为上海爱美的女性提供了更多更方便的选择。

事业线：你觉得自己所做的事情在哪些方面，影响了哪些人？

卢鑫：南瓜车的经营理念之一就是：不推销不办卡。我们直接选择发型师，在线预约，为用户提供了更方便、更优惠和零风险的美发体验；同时这种专注于美发技术和服务的模式让手艺人回归了手艺本身；此外南瓜车这种经营模式对行业的发型师和沙龙老板影响也非常大，未来希望大家能一起升级自己的服务和模式，更好地服务用户。

事业线：合伙人怎么加入的？

卢鑫：我的合伙人都特别优秀，一类是原来公司的同事。因为在原来的公司，我工作还算出色，同事和行业内口碑比较好，大家信任我，愿意与我一起创业共事。还有一类是美发行业的加入者。我开始加入这个行业时，很多美发行业的业内人士都认为我在"革他们的命"，对我的创业很惧怕，但是后来结识、畅聊之后，大家都被我创业的勇气和初心感动。而且他们本身也是非常优秀、有梦想的人，最重要的是，我爱惜人才，真心诚意，我的合伙人就是被我两个月跑三次太原这种"三顾茅庐"的诚意和自身对我的信任感觉给吸引过来的。

事业线：你现在做的项目，在国外有类似做得很棒的吗？

卢鑫：有的。比如美国 StyleSeat、日本 Hot Pepper。

事业线：未来打算做成一个什么样子的公司？

卢鑫：有社会价值，员工在这里体验到快乐、成长并引以为豪。

女儿的另一个梦想

事业线：创业过程中遇到的最困难的事情是什么？

卢鑫：是自己，是一个女 CEO 的自我修炼。

事业线：听说大家管你叫四姐，有什么含义？

卢鑫：四姐，意思是二的二次方。

事业线：哈哈，那是二到一定境界了。家人支持你创业吗？

卢鑫：我女儿6岁，小名叫 Cookie，很喜欢吃甜点，因此一直以来，最大的梦想是开一家甜品屋。有一天早上她醒来，一脸幸福地对我说："妈妈，我长大了还有一个梦想，就是开一家美发店。"这让我非常感动，这是家人对我最大的支持。

我的内心有一种感动

采访结束时一位著名资本公司的高管来访，卢鑫继续她的会议，我赶回北京。

卢鑫说，感谢我非常懂她，或许不止于懂，更多的是欣赏和同为女性创业者的相惜。

线上到线下，再从线下回到线上。(ONLINE TO OFFLINE，OFFLINE TO ONLINE)。O2O 用技术改变或顺应人群与资金的流动方向。

做 O2O 的人太多，以为自己在做 O2O 的更多。

有人做 O2O 创业是因为好融钱，有人是因为觉得好赚钱。

而美好愿念的初心、对美发师这个人群的同理心——帮助他们获得职业尊严和价值认可，这就是南瓜车比很多同类项目多出的一点点。

最会修厕所的学霸,90后的超强行动力"

最会修厕所的学霸
90后的超强行动力

韩昕锜

无界联合创始人兼 COO

北京／白羊座

韩昕锜，无界空间创始人，90后造的中国WE WORK。

融资状态

A轮梅花、经纬、青山资本、优客工场、创业最前线。

推荐人评语

昕锜是天生的社区建造者，她与生俱来的亲和力和能量吸引着更多的人聚焦在她身边。

——毛大庆（优客工场创始人）

2016年3月中旬WeWork宣布获得4.3亿美元新一轮融资，公司估值达到160亿美元，同时将要入华的传闻声音也越来越强。

而无界空间团队从见首个投资人，到签下SPA（股权购买协议），只用了一周半的时间，紧接着在运营半年后，2016年3月24日，联合办公空间巨头企业优客工场与无界空间签署合作协议，以战略股权合作的方式，参与无界空间的A轮融资，并达成战略性股权合作协议。

这个动作神速的90后创业团队，可能是中国做联合办公空间里最年轻的了，两位创始人万柳朔和韩昕锜是美国康奈尔大学的校友，都是90后，都是很小就出国深造（一个八岁，一个初中）。

韩昕锜是标准的学霸

小学五年级毕业跳级上了省里最好的初中，初中毕业昕锜参加了新加坡教育部奖学金计划的选拔——这个专门招收中国学生到新加坡公费留学的项目，昕锜成为了当年全省 5 位奖学金获得者之一。

"修厕所女王"称号的由来

事业线：修厕所女王这个称号怎么来的？

无界韩昕锜：做地产相关的事情真的是太接地气了！

百子湾的厕所修了 4 次，我现在对通厕所已经非常有经验。

第一次：最开始没有经验觉得马桶能有多大差异，用了几百块钱的型号，所以厕所很容易堵塞，就换了。

第二次：马桶型号买太大了，高大些的男生使用时脸会紧挨着厕所的门，于是又换掉。

第三次：升级过后的虹吸式马桶是往下抽水的，而厕所的下水管道是横着的，所以一边冲水另一边压力不够的时候，另一边就会出现"趵突泉"一样的喷水现象……简单来说，就是马桶太高级了，下水管道配置没跟上，换掉！

第四次：换完后觉得不够人性化，有的人并不喜欢公用厕所上坐便，应该有蹲便也有坐便，于是又换一次。

事业线：给精于细节的你点个大大的赞！

学霸的梦想

事业线：你的大学专业是酒店管理相关的，对地产行业有热情，所以做无界这样的联合办公空间，是你的梦想吗？

无界韩昕锜：不是。

事业线：那是怎样的机缘开始做无界的？

无界韩昕锜：我和 Randy 认识很久，他回国比较早，对于做联合办公空间他做了很多市场分析，我一是对地产感兴趣，梦想曾是开赌场嘛（笑），并且我当时在纽约，身边也有很多朋友在创业，美国的一些办公空间我也去看过，觉得确实在国内发展机会比较大，就回来和他一起做了。

事业线：之前在美国有高薪工作，回到国内创业，薪水低、风险大、非常累，还需要会修马桶，你觉得 Randy 哪里打动了你？

无界韩昕锜：其实很多人都问我这个问题。在这个项目之前我们还一起做了一个旅游类的公众号，后来觉得时机不成熟、资源有限、项目搁浅，所以在找新方向。

第一，我很喜欢跟 Randy 一起工作。毕业后，我们跟闺蜜一样三五天打一个电话。很多人都说不要跟好朋友一起创业，因为创业就没得朋友做了。我是觉得我们很幸运，我很信任他，做事的风格也比较一致。

第二，我对地产创业方向很感兴趣。做传统的地产，缺少资本、人脉，很难切入。刚好这里有创新的机会。

第三，我希望回国。这个项目可以让我认识很多人。我比较幸运的是父母支持我创业。我的确放弃了高薪回来，但是这件事情更有意义，我愿意拿着最低的工资来做事情。

入住率是王道

事业线：北京的联合办公空间非常多，有人说现在办公空间产能过剩，深圳前段时间有个孵化器倒闭了，你怎么看？

无界韩昕锜：产能过剩是分区域的，五环外的办公空间一定有泡沫，但是核心位置需求仍然远远大过供应，就像无论房产泡沫的声音多大，北京四环内的房价也不会降，所以我们的选址都是在距离地铁站10到15分钟以内的地点，三环、四环周边为主，我们的战略是做1500—3000平米之间的空间，会比一些竞争对手的空间大一些，但是比地产商做的小一些。

事业线：现在无界的成绩怎么样？

无界韩昕锜：2015年3月份筹划，7月份百子湾店开业运营，第一个月入住率就达到了70%以上，实现盈利。无界现在已经开业5家店，除了2家刚开张的新店，入住率百子湾达到95%，三元桥1个月达到40%，望京南超过50%。

事业线：在国外生活久了，突然回到国内创业，有哪些没料到的事情？

无界韩昕锜：接触物业、装修的人，沟通起来比较困难。例如望京西店其实是无界望京第一家店，当时我们订金、设计费都交了，但是由于出租方自己的债务原因，不肯让我们进场，虽然最终退还了订金，但时间上还是大大地影响了我们的进程。百子湾店也出现过出租方和物业方之间利益没有划分清楚，结果业主跑到店里来闹的情况，挺让人抓狂。

事业线：人文环境的差异确实存在，现在团队中有比较 local（本土化）的成员加入吗？

无界韩昕锜：有，MiuMiu 的加入说来也是挺有缘分的。她和朋友创办了迷你考拉仓，这个项目已经 B 轮了。当时她们公司在考虑换办公室，于是我就跟她聊了起来，过了几天 MiuMiu 还专门来我们空间见了我。聊的时候就觉得挺投缘，并且 MiuMiu 之前做的也是相关的创业项目，她对我们这个项目很感兴趣；后来我们就把她拉进了团队。

事业线：创业这段时间有什么印象特别深刻的片段吗？

无界韩昕锜：第一家店开业之前，大家都工作到深夜，员工都走了，我和 Randy 留下，两个人拿钢丝球刷厕所，那一天，记忆很深刻。

事业线：无界的成长非常快，那进驻无界的项目都发展得怎么样？

无界韩昕锜：举两个例子，"悟空宝"来的时候是 3 个人，后来发展到 30 多人坐不下换了个办公地点，但是后来做新闻发布会的时候又回到了百子湾店，他们觉得无界是他们梦开始的地方。

"趣学车"，来的时候也是 3 个人，现在入驻了 20 多人（全国的团队人数更多）。还有更多项目，大家在一起成长。

事业线：想过 3 年以后的无界是什么样子吗？

无界韩昕锜：未来会提供更多服务，但还是做专业的联合办公，把这一件事做好做透。

纹身冲浪打泰拳的女工程师，回国跨界创业

纹身 冲浪 打泰拳的女工程师
回国跨界创业

杨舒婷
Denny

画着玩创始人

北京／狮子座

爱好：泰拳、纹身、攀岩、
滑雪、冲浪、旅行

职业经历

杨舒婷，曾在美国西雅图亚马逊总部、全球最大的市场营销软件公司 Marketo 担任软件工程师，北京画说科技有限公司创始人。

推荐人评语

思维严谨、做事认真、富有热情，具有很强的执行力，能够很快把一个想法落地，同时富有激情地领导团队快速实现目标。

——王展（坚果创投创始管理合伙人）

舒婷一笑起来，像极了今年金马奖影后林嘉欣，明亮又甜美。

刚开始，她给我的印象都是安静内敛，语言表达中规中矩，但是了解多了，发现是典型的我喜欢的那类女孩子。

女工程师，这个女性数量稀少的职业已经让我膜拜了，可这个女工程师玩攀岩、滑雪、冲浪、纹身、打泰拳。实在是活得太过潇洒精彩。

独自旅行的背包客

曾一人独自背包行走欧洲 17 天，穿越 5 个国家、14 个城市。

去了荷兰、比利时、法国、德国、捷克，她喜欢徒步旅行当背包客是因为爱上不说话只用眼睛和脚步去感受一座城市的体验。

从布拉格到德国遇到了罢工，被扔在了一个不会说英语的布拉格边境的小村落，后来和当地人靠手势比划挤上了一辆进入德国境内的大巴。

住青年旅馆，和比利时当地认识的朋友一起逛清晨五点的跳蚤市场。

超爱极限运动

2014 年在波士顿，舒婷因为滑雪挑战高难度动作，摔断了尾骨，当时不能坐不能站，只能趴在沙发上工作，非常辛苦，但是那个时候小伙伴们已经在国内开始工作了，舒婷每天和国内远程电话视频讨论工作进度、解决问题，又因为不能回去和他们一起奋斗而自责，但同事们一直鼓励安慰她，告诉她一定要养好了伤再回去开始工作，不然会有后遗症。

就这样休养了一个月，能坐起来后就立刻飞回国创业了，到现在胳膊上还有两道那次留下的疤痕。

我问她以后还滑雪吗,她说今年接着滑!

但是这次事件也让她感受到有个健康强壮的身体对创业至关重要,所以现在每天无论多忙,舒婷都会抽出一个小时去锻炼。

学生时代便着手做生意

舒婷在英国留学的时候就爱折腾,自己做生意。当时德国保时捷和黑莓联合定制出了一款奢侈品手机,全球限量发售的,她找到保时捷总部和他们谈判,最后拿下了代理,几个月的销售额就超过了 100 万。

事业线:觉得自己是什么样的个性?

舒婷 Denny:我觉得自己特别有韧劲,喜欢充实有激情的生活。

事业线:你过去一直是做工程师,为什么会这么跨界做画画相关的事情?

舒婷 Denny:我之前一直在美国工作,每次回国和朋友聚会就被拉去吃饭、喝酒、唱歌。想拉朋友去美术馆或看展老被人说"装"或"没兴趣",但在美国其实这种文艺、艺术类活动非常普遍。于是觉得这种单调、浮躁就是市场机会,想到在美国参加过休闲绘画,画完后成就感满满也很有趣味性,于是觉得可以从绘画的点切入,让这种"慢生活"方式渗透进大家的日常,能够为大家带来一种不一样的聚会方式,增加大家的休闲选择。

事业线:今年新开拓了哪些城市或市场?

舒婷 Denny:今年目前还是北京、深圳、广州这三个城市,感觉这三个地方还有很大的空间未被挖掘。同时我们在年底会开放加盟，目前已有 23 个城市在等待我们的加盟条款，我们也会尽快推出，让更多的人都有机会尝试这种新的休闲方式。

从线下活动的角度看，目前我们每个月有两百多场的活动，企业端也与众多大企业达成长期合作，如招商银行、中国银行、建设银行、中信银行、腾讯、华为等。

事业线：跨界做陌生领域，开始应该有很多困难吧？

舒婷 Denny：刚开始大家会对休闲绘画领域存疑，认为它是个小众市场，那时候不断被否定被质疑，甚至于自己也开始动摇回国创业这个决定到底是不是正确的。但我的性格就属于不撞南墙不回头的，觉得"死"也要"死"个明白，于是心一横开始干，凌晨送货，去美院蹲点找画师，跑画材批发市场花一个小时把画笔砍下去一块钱，自己颤抖着用工科生的思维假装文科生的心写文案。不过我们在前两个月用很小的资金验证了市场的可行性以及大家的接纳程度，也证明了平民化的艺术活动平台是一个非常有潜力的空间。

事业线：哈哈，我想到了自己用理科生的思维假装文科生的心写专访，颤抖了好几个月呢！很多创新最重要的不是旧有经验，而是对市场需求的敏锐把握，一起加油！

事业线：有没有发生过参与活动的用户很少的情况？

舒婷 Denny：初期积累种子用户的阶段会有。刚开始很多场活动就只有一个人报名或者完全没人报，取消活动的时候心里是非常难过的。但是我们坚持哪怕只有一个顾客报名活动也如期举行。慢慢地用户积累越来越多，活动的口碑效应也越来越明显。

事业线：未来打算做成一个什么样的公司？

舒婷 Denny：我们的愿景是将艺术活动平民化。我们现在已经标准化了休闲绘画产品，在做城市覆盖。目前已覆盖深圳、广州、郑州等城市，上海和重庆也在筹备当中。

事业线：用户和你们有哪些好玩的互动？

舒婷 Denny：用户会发各种朋友圈说他们觉得活动多好玩，画得多有成就感。有个顾客连续参加了 8 次活动，带老公来，带朋友来，带妈妈来，后来把老板也带过来了，她自己最终也加入到我们的运营团队。

事业线：做的项目在国外 / 国内有同类做得很棒的吗？

舒婷 Denny：同类型的产品在美国有大大小小 200 多家公司，最大的一家叫作 Paint Nite，他们每个月能做到 4000 场活动左右，每年的毛利润达到 4000—5000 万美元。

事业线：你对这个市场未来的看法是什么？

舒婷 Denny：中产阶级越来越多，消费升级是一个必然的趋势，消费 2.0 时代是要买"愉悦和开心"，比如音乐、艺术等精神方面的消费需求。绘画再也不是神坛上高不可攀的东西，我们把它从神坛上拉下来，让艺术活动平民化，让生活艺术化。

事业线：最有成就感的事情是什么？

舒婷 Denny：最有成就感的事情是看到每个月活动的场次增长率平均达到 30%，复购率达到 20%。每次活动结束后我都会加每一位顾客的微信，我发现基本所有人都会发朋友圈说我们的活动好玩，有格调，每到这个时候就觉得创业过程中的疲惫都不算什么。

事业线：看到你喜欢打泰拳，你觉得打拳和其他运动有什么不一样？

舒婷 Denny：学习打拳最大的乐趣就是能够让你短时间内大脑只关注在自己身上。创业过程中很多时候大脑要多线程运转，同时处理不同的事情，而打拳却可以让你把注意力全部集中在自己和对手身上，非常专注而纯粹，是一种很有效地放松，并且打拳时成功击打了对方的有效部位是非常有成就感的。

事业线：看到你也喜欢冲浪，最喜欢去哪里的海？

舒婷 Denny：我最喜欢波多黎各一个不知名的海滩，是和朋友一起公路旅行时发现的，那里人非常少，沙滩和海浪都很舒适。

我很喜欢刺激的运动，在每次逐浪的时候都是很有成就感的，感觉在海里很自由，每次奋力游进去都只为站在板上的那一刻。

曾经的叛逆少女，今天的全球购野心家"

曾经的叛逆少女
今天的全球购野心家

湛 宇
Michelle

OOK 创始人

上海／双子座

湛宇，麻省艺术设计学院、麻省理工设计硕士，曾获德国 iF 设计大奖。甄选全球设计师品牌集享平台 OOK 创始人。

融资情况

天使轮阿米巴和李治国　数百万资金。

推荐人评语

有人曾担心她无法坚持下去，认为她选的品类中国市场并没有准备好，还曾有人预言她的模式要用很长时间才能赚得到钱……但她带领团队不断取得新的战绩，验证了产品和商业模式的可行性，打消了市场的顾虑和疑问。她是我见过的对商业和时尚二者同时具备高热情、高动能的女人之一。

——赵鸿（阿米巴资本创始管理合伙人，前阿里巴巴集团副总裁）

OOK：甄选全球设计师品牌首饰集享平台。目前拥有 50 家核心全球供应商，1000 款甄选商品，6 个国内独家签约全球设计师品牌。

采访手记：多数人都难于相信素昧平生的两个女人遇到会有"相见恨晚"的化学反应，但今天的主人公和我的确是"两两相望，惺惺相惜"。我们第一次采访见面约在晚上 8 点钟一家咖啡馆，湛宇风尘仆仆地拉着行李从上一个碰面中赶到望京，在我晚到的 10 分钟时间里匆匆去楼上吞了点吃的，本以为

9点多就可以结束的聊天，结果被我们聊到了凌晨2点，因为彼此第二天早上各自约了事情而不得不结束。

我和湛宇都属于身材娇小、内心狂野类型，都喜欢做大事，都是天生工作狂。而不同的是我的整个青春期都似一个乖乖女，过得风平浪静，而湛宇有非常叛逆的青春，让我很是羡慕。

叛逆少女时代

湛宇 Michelle：可以说我是早熟，5岁就自己要求读小学。从小就不是大家定式思维里的"好学生"，相当叛逆，还参加过一些社会组织，学习上无组织无纪律，只喜欢花时间在自己喜欢的事上……所以，30分的生物成绩，59分的数学成绩，被高数老师嫌弃，但是专业课总是第一！

初中父母离异，乖乖女变成叛逆少女。

初二的时候带着班上同学去我发现的一个防空洞，点蜡烛、打扑克，后来老师跟踪我们，发现了地点。学校前后好几次用木头把洞门封了，我们才作罢。

什么跟着学兄学姐去欺负隔壁学校的学生，去音像店偷卡带玩什么的，都是叛逆少女日常的小儿科。

但有一次被抓住，学校给记过处分令我印象很深，我喜欢的男生跑来骂了我一顿，说我不学好；妈妈来接我，一句话也没说，后来带我赶公车回家，下车以后就只问了我一句话："饿不饿？要不要去吃饺子？"

很感谢妈妈，她也是一名校长。

这句很温柔的话我一直记得，它穿透了我的青春，伴我走到成熟。

等到我们长大成人，这些叛逆的青春成了一幅幅独家记忆的画卷，珍贵绚烂。

没人比她更精力充沛

湛宇 Michelle：大学里，我永远是宿舍过道里看书看到最晚的一个。做文艺部长，天天各种活动排练，考 Tofel、GRE，打工当家教，还是学校 BBS 的版主……

工作时，我是公司 12 点后，警卫加班记录表上的常客。

一个项目要求出 2 个方案，我至少画 10 个，通宵赶工都是家常便饭。

在国外读书时，修 2 所大学的学分，每天晚上 11 点回家，周末和假期不停歇地做 Part Time（兼职）。

我真的没有遇到过比我精力更充沛的女性，甚至男性。

我很感谢这种精力充沛和乐观主义的个性，让我在遇到很多困难时，内心仍然觉得满足和快乐！

事业线：为什么挑这件事做？

湛宇 Michelle：随着个整个互联网大时代经历了淘宝、代购、海淘……我在国外学习工作时接触了很多电商互联网公司和零售商，当我在美国有很多 Start up 创业机会的时候，我决定回国。回国后先去了阿里工作，后来从阿里出来开始创业。

对于我，让全世界的时尚美物通过商业的方式流动起来，就是对文化、设计和品牌最好的传承，这是我一直以来的梦想。而我最大的热情是想做中国人的市场，尤其是女性市场。

事业线：咱们聊聊女性市场吧，看看是否观点相同。

湛宇 Michelle：作为女性，我们的优势在于领悟力和对美好事物更敏锐的嗅觉，我们更懂我们自己的需求。中国的新中产阶级对优质产品和优质服务的需求非常强大和惊人，对美、时髦及个性释放的需求也很强烈，特别是首饰领域，全球有太多还需要被发现的优质、有特色、性价比高的品牌，都是急待被开拓的市场。把他（她）们连接起来，是 OOK 的商业远景！

事业线：中产阶级女性更喜欢购买一种"生活方式"，而不是一件东西。所以对于品牌、品质的需要很高。但可惜我们国内品牌的匮乏和信任度较低……另外很重要一点，过去 20 年国内的时尚媒体业几乎处于被国外一线品牌绑架的状态下，80% 的国外中档品牌没有在中国媒体投放宣传，导致中国的中产阶级女性虽然对其有强大的需求，但缺品牌认知、缺购买渠道。

3 真正的进口全球购时代才刚开始

湛宇 Michelle：现在有消费能力的新女性对配饰品牌、品质的风格化需求很高，希望有丰富的独特设计作品出来。但国内配饰品牌特别是全球设计师品牌的购买渠道相对匮乏，而我做的事情就是让国内的女孩们能简单方便地买到这些品牌的好东西。

× 相关事件

2015 年 6 月 10 日，马云受邀在纽约经济俱乐部发表演讲，他说：现在的中国，中产阶层的数量和美国人口大致相当。未来十年中国还将有五亿人口成为中产阶层。他们对优质产品和优质服务的需求非常强大，非常惊人。过去

20年，中国一直致力于出口，而接下来的10年—20年，中国要学会进口，学会消费，去做全球买手。马云认为，这对美国的小企业和品牌产品来说，是巨大的机会，他们应该利用互联网进入中国市场。

海淘即将跨过"代购"的时代，真正的进口全球购时代才刚开始！

用户的追捧

湛宇 Michelle：我们每周都会上新2次全球设计师品牌，时髦的设计和独特的风格在国内很少见，而且因为和品牌商协商所以给到国内顾客的价格也有实惠，大家都比较喜欢，有时候在买家秀里晒的产品图，让我们很惊喜。

事业线：员工会给你起外号吗？

湛宇 Michelle：女魔头。……我其实觉得团队很宠我，但大多数时候我很严厉，非常的结果导向，是她们心中不折不扣的女魔头。

就我一个人穿了泳装

事业线：员工会"整"你么？

湛宇 Michelle：8月的时候我们在外滩 muse 搞过一个复古泳装派对。那天活动大家虽然非常累，但玩 high 了！有人扮演会纹身的印度神婆，有人玩水枪弄湿全场……关键是，大家提前都说好了穿泳装，然后到了现场，我发现就我一个人穿了……

创业体会：非生即死

湛宇 Michelle："非生即死"这是我在创业经历中很大的体会，所以创业是带着一帮人出生入死的生活状态。很苦，很磨炼心智，但很有成就感，很有价值。

创业中，每天都有各种突发状况。总的来说，"人"是最难也是最重要的，尤其在创业初期。面对团队，要懂得相处和管理之道。面对自己，修炼的是脾性、判断力和决策力。

事业线：未来打算做成一家什么样的公司？

湛宇 Michelle：国内海淘市场已经有一些很知名的平台，比如小红书、洋码头，但品类上她们做的是全品类、标品为主。

而 OOK 会成为一家全球化的，能将文化、设计、技术平衡融合的一个公司。我们的卖家遍布全球各地，数以万计的全球特色商家和品牌、买手精品店、独立设计师等；我们有完善的商家和买家体系，OOK 希望通过商品的流通传递文化，通过商业实现我们的社会价值。

学霸 Nini 的创业，别太把自己当回事"

学霸 Nini 的创业
别太把自己当回事

雪麑
Nini Suet

融尚私塾创始人

北京／处女座

职业经历

美国私立寄宿学校泰伯学院（Tabor Academy）的中国代表。

普林斯顿大学（Princeton University）前华北地区校友面试负责人。

以全校第一名的成绩从泰伯学院毕业，随后被普林斯顿大学录取，并获得全额奖学金。

先后任职于摩根士丹利、凤凰卫视资讯台、奥美和CNN美国有线新闻网国际频道。2013年创办融尚私塾。

推荐人评语

Nini在我的心目中，是一个机智、时尚、勇敢的北京姑娘。从小到大，她一直都非常与众不同。她的与众不同不仅仅是因为她留着干练帅气的短发或是在高中时期永远优异的学习成绩。加入创业者群体是这位一向聪明、信心十足的国际化姑娘一定会走的职业道路。她头脑风暴式地激发自己建立融尚品牌，并通过不懈的努力和敬业的做事态度培养了坚实的客户基础。真心希望她不断的努力，带领融尚私塾创造更多的奇迹。

——方艾之（真格基金CEO）

融尚私塾

融尚私塾是全外教国际教育中心。为5—18岁的中国青少年提供美国、瑞士等国际顶尖学府的一对一升学指导，以及能力提升与美高学分课程。同时，位于波士顿与康州格林威治的教育顾问团队为就读美国、新英格兰地区的学生提供一站式监护、住宿、培训与咨询为一体的全天候服务。

女学霸的学习与工作

1998年雪魔14岁，也是人生第一次迈出国门踏上求学的路。从泰伯学院毕业之后，又以全额奖学金的成绩被普林斯顿大学录取。

一年半的摩根士丹利投资银行分析师工作结束后，转身投入媒体行业，凤凰卫视资讯台的国际部和香港CNN国际台的工作经历增强了她对市场的敏感度。

在CNN工作三年之后，在成为CNN主持人和回北京"接地气"创业的选择中，Nini让人惊掉下巴的"裸辞"，选择了后者。

辅导朋友孩子发现创业契机

一个很偶然的契机，一位熟人让Nini帮忙辅导她的孩子申请学校。在陪着朋友的孩子走访留学中介的过程中，她发现了教育培训市场前景的可观，同时也发现国内留学机构的混乱，不专业。

1998 年根本不存在"刷分"机构和花里胡哨的中介，经过和一些留学机构的负责人交谈，她了解到他们大多数都没有在国外长期生活和上学的经历。这些所谓的教育顾问要不就是只管刷分，或者把孩子送出国后就扬长而去，对国外的教学体系和中外文化差异一无所知。在她看来极为不负责任。

肿瘤、家庭变故，人生的起伏远超电影

事业线：Nini 看你的履历觉得好顺利啊，一路光芒的感觉。

雪魔 Nini Suet：绝对不是，我的姥姥和姥爷是中国第一代外交官，父母是金融家和艺术家，曾经赫赫有名。我成长的环境在很多人看来，不是一般的好。

14 岁那年，为了去泰伯上学在国内例行体检。当时 CT 还是个很新鲜的东西，医生是熟人，亲切招呼我："你不是喜欢生物吗？喜欢研究人体构造，来！我给你看看身体是怎样的"。我兴奋地躺下来随着医生的手盯着屏幕看自己的内脏。到了肝脏部位的时候，突然医生不说话了，他开始让我憋气又呼气，来回查了很长时间。随后又叫来了护士，两个人交换了一个眼神后，我清晰地记得，护士问道："cancer?"医生回复道："may be"。尽管我当时的英文水平极低，但 cancer 这个词如雷贯耳，当时我有种在做梦的感觉，太不真实了。因为肿瘤太大，被怀疑是恶性的，全家人都处在崩溃的边缘。后来我休学在家休养了整整一年，与化疗、医护和穿刺做伴。第二年，完全康复才顺利复学。在终于适应了泰伯学院严苛的私立寄宿生活后，我开始慢慢舒展自己，想好好享受一下青春时光。一天，壁球练习结束，我的导师把我叫到她的车里，告诉我家里发生了巨大的变故。那一年我们家几乎失去了所有。妈妈从养尊处优的太太到去纽约干洗店打工为我赚学费。为了不再向家人要钱，我同时做几份家教，

每逢假期就到家里朋友的店铺打工。彼时彼地，我深深地陷入到一种复杂的情绪之中，混合着无助、愤怒、伤心、苦涩、恐惧、冷漠。然而，最刻骨铭心的感受是孤独，这种孤独感一浪接着一浪，几乎让我无法呼吸，完全不知道自己未来的路在哪儿。灾难来临的时候，人真的有做梦的感觉，你不断怀疑，这是真的吗？为什么毫无征兆？怎么可以那么突然？接下来要面对的就是各种对未来的不确定和不知所措。

在最艰难的时候我曾拒绝跟任何人沟通，试图把自己封闭起来。幸好我遇到了 Mrs. Tinker Saltonstall。她出身贵族，但衣着朴素，一生谦逊，真的用心奉献教育，是泰伯国际部的学生主任。当我的家庭发生巨变之后，昔日的朋友变成了敌人，亲戚变成了陌路者，我妈当时很害怕学校会因为我们交不起学费要求我立刻退学。然而，Mrs. Saltonstall 不仅没有排挤我，反而毫无保留地拥抱了我。她为我在校长面前争取机会、让同学们时刻陪伴我、常常找我谈心，给我拥抱。她是那么的真诚，让我从未感受到任何怜悯，而是她对我无限的信心和爱。她从不用有色眼镜判断任何人，无论贫富或者贵贱都一视同仁，她就是佛说的无差别心。

事业线： 这些起伏跌宕的人生经历对你有什么影响？

雪魔 Nini Suet： 在经历了人生一些变故后，我发现人生其实是很短暂又多变的，在可能的日子，如果不去做自己，未来真的会来不及。

我用回到北京定居的方式来思考这些问题。那段日子我没有收入、没有应酬、没有压力。大家来询问我最多的是：“我的孩子也想去泰伯学院或者普林斯顿，是不是完全不可能？”我说：“怎么会！”我会认真分享我的经历给他们，帮他们找到一些方式去接近这个目标。慕名而来人越来越多，我不再是一个学霸、不再是摩根士丹利的白骨精，甚至不是 CNN 的制片人，我是一个帮助别人的人。当她们喜悦地离开时，我感到内心真正的满足和快乐。这种感觉让我想到我的高中老师 Mrs. Tinker Saltonstall，原来付出，可以让人的内心收获那么大的力量。

人生的意义，在于找到自己值得全身心投入的事情

自从毕业后我一直都是母校泰伯学院的中国代表，也是普林斯顿大学的本科校友面试官。所以虽然没有直接从事教育工作，但是一直都没有离开这个圈子，帮着学校面试了很多学生。这让我一方面站在学校的角度上了解到现在的学校到底在找什么样的学生，另一方面看到了中国孩子的问题。

我接触的学生中，很多人都一如九十年代一头雾水的我，面对着未来根本没有做好准备。虽然我一直认为，留学生活的关键在于自我认知，但是很可惜，大部分学生对此知之甚少。他们几乎从未反思过自己的人生经历。

中国留学生的问题

比如多数国内出去的孩子除了分数高以外没有自己的特长和特点，或者自理能力很差；对自己的认知模糊不清，甚至不知道如何用英文聊天。有些孩子出国几年了生活仍然不能自理，连自己去医院都不敢。甚至有些学生每天只和中国学生在一起，拒绝交外国朋友，所以语言上没有任何大的突破，读了几年书和刚来的时候差不多。

更令人可惜的是，一些中介机构培训孩子说出同样的标准答案，让这些本身优秀的孩子因为一些客观原因而没能入选理想的学府。还有的孩子面试技巧方面没有受过良好的指点，说话长篇大论，没有重点，更有明显的夸大其词现象，也因此错失良机。这些经历让她开始担忧国内的孩子，是否能够找到合适的助力。

虽然现在的资讯十分丰富，想出国的孩子和家长非常多，但很少有人真正了解，大洋彼岸等待着自己的的生活方式有多么不同。

看了很多这样的问题，让我开始萌生一个想法，在国外待了那么多年，学了那么多的东西，为什么不把这些东西带回中国去，帮助那些像我当年一样要出国的孩子。当了这么多年的面试官，为什么不帮学校培养一些他们真正需要的孩子？

这些想法在我的脑子里来来回回地、一直不断地被思考着。

这两年我一直在探索中美教育的发展，了解到很多的中国的家长希望孩子能出国接受美式教育。但是能去美国读高中和大学的代价非常高，孩子在幼小的年龄就要离开家去独自生活，而很多中国孩子并不具备这样的独立性，很多家庭也没有准备好在孩子的青春期就放手交给一个陌生的学校。同时，有经济能力而且思想上准备好让孩子在低龄段就出国求学的家庭非常的少。

让学生可以在出国前就预修美国学分课程，真正地实现在中国普及美式教育的愿望——让普通的中国孩子不出国就可以体验美式教育。这是我找到的一件特别有意义的事情。

这是我这辈子做过的价值最大的事情，而创业对我而言，远远超越一份工作，而是人生。

你为什么没有刮毛刀

事业线：你自己在国外求学的时候遇到过什么样的问题？

雪魔 Nini Suet：太多了，父母告诉我考虑让我去美国麻省最好的私立高中读书时，我只是吐着嘴里的泡泡糖说 OK 啊，并没有很认真。等到我落地美国，来到传说中世界上最美的海边学校泰伯学院（Tabor Academy）时，15 岁的我还是遭遇了很大的冲击。正式开始在泰伯上学时我的英语完全跟不上趟，国内学的那些书本英语比起想要跟世界各国同学流畅交流英语是不实用的。父母送完我就离开了，在不同肤色的陌生人中我立刻感到了孤独。文化的差异无处不在，零基础开始学女子棒球，头盔快让我的脑袋爆炸，后来才发现原来我没听懂怎么调松紧；洗澡室友看到我洗澡篮里没有刮毛刀，大喊："你为什么没有刮毛刀？难道你从不刮大腿上的毛吗?!"吓得我立刻冲下楼买了好几个刮毛刀。

事业线：你们现在可以帮中国的孩子辅导申请哪些名校？

雪魔 Nini Suet：包括：

· Phillips Exeter Academy：是一所位于美国新罕布什尔州的私立寄宿制高中，也是全美国排名第一的私立寄宿制高中。

· St. Paul's School：位于新罕布什尔州的一所寄宿制私立中学，有"小常青藤"美名。校友之中包含三位总统候选人、六个参众议员、十二位美国驻外大使、十个美国各行政机关首长等。

· Choate Rosemary Hall：位于康州的私立寄宿制高中，是美国最佳的中学教育的代表之一。历史悠久，教育水平很高，许多毕业生都被耶鲁、哈佛、宾大等顶级大学录取。美国第 35 任总统约翰肯尼迪是在此校校友。

· Hotchkiss School：是美国排名前十的私立寄宿制高中。校友遍布政界、科研、教育、艺术、电影、商业、财经、环保等多个领域，著名的有：玛氏家族（Mars Inc.）、福特家族（Ford）、John Hersey（普利策奖获得者）、Raymond J. McGuire（花旗集团全球投资总监）、Elizabeth M. Brown（奥巴马内阁成员）、Briton Hadden（Times 杂志创始人）还有众多校友分布在哈佛大学、布朗大学、西北大学、宾夕法尼亚大学等名校担任教学要职。

· Deerfield Academy：创建于马萨诸塞州，是最悠久传统的美国私立寄宿中学之一。约旦国王 Abdullah 就是该校的校友。

· Institut Le Rosey：一所享有盛名的寄宿学校，始建于 1880 年，是瑞士最古老的私立学校。同时也是目前全球最昂贵的学校。罗杰摩尔（Roger Moore）爵士和好莱坞影星伊丽莎白·泰勒（Elizabeth Taylor）的子女都曾在此就学。

· Aiglon College：瑞士的一所国际寄宿学校。世界十大昂贵的寄宿中学中排名第三，以学术严谨出名。特色项目包括每天早上的全校冥想，以及远足登山活动。

· Hong Kong International School：是位于香港大潭和浅水湾的一所私立学

校。1966 年建立。诸多名人的子女都在该校读书毕业包括谢霆锋、麦浚龙等。

·Yale University：常青藤联盟中美国排名前三的耶鲁大学。

·University of Chicago：位于美国国际金融中心芝加哥，是世界著名私立研究型大学，在 2015—2016 年世界大学学术排名位列世界第九。

·Columbia University：常青藤联盟中美国排名前十的哥伦比亚大学。

·Duke University：坐落于美国北卡罗莱那州风景优美的达勒姆，杜克大学是一所世界著名研究型大学。2015—2016 年 US News 将杜克大学列为本科排名全美第八。著名校友包括现任苹果公司 CEO 蒂姆·库克、世界首富比尔盖茨的夫人梅琳达·盖茨。

2015 年 10 月，Nini 赴美与位于美国最富裕地区康州格林威治的顶级教育集团 Greenwich Education Group（GEG）签署了中国地区的独家合作协议，引进了 GEG 高中学分课程和教学体系。这些课程在中国独一无二，让学生可以在出国前就预修美国高中的学分课程。真正地实现了融尚私塾在中国普及美式教育的想法，让中国的孩子不出国就可以学体验美式教育。

高质量用户的口碑传播

好的服务口碑开始在高净值家庭里盛传，演员、经纪人、名编导的孩子被陆续送过来，还有世界 500 强大企业的 VP、CEO、高管的孩子，甚至还有国内赫赫有名的英语培训机构迪士尼英语负责人的孩子也是她们的老学员。

当一个著名杂志来采访 Nini，很巧合这个媒体人的孩子也是融尚私塾的学员。

1 教孩子怎么做人，而不是教他们怎么考高分

事业线：你觉得自己所做的事情在哪些方面影响到了别人？

雪麂 Nini Suet：在融尚，我们教孩子怎么做人，不是教他们怎么去考高分，怎么进入学校。而是要学会去尊重别人。很多情况下，她们让家长更清晰地认识了自己的孩子，而不是家长想象中的孩子的样子，也让孩子对自己有了更加清晰的认识。

我们获得了非常多家长的信任和肯定，影响了他们对于教育的理解，尤其是如何帮助孩子做出最合适的选择。

同时，融尚私塾的教育理念是：一个优秀的孩子不仅取决于孩子本身的能力，还取决于孩子背后的家庭是否有着完善的教育理念和良好的成长环境。我们不仅会对孩子做全面的能力评估测试，还为父母进行配合性的亲子关系和沟通情况测试，以便掌握家庭环境对孩子的影响是否是良性的。

2 中国教育和美国教育的不同

事业线：怎样看待中国教育和美国教育的不同？

雪麂 Nini Suet：仅是文化的不同，语言的不同，思维行为的不同，生活方式的不同，没有谁比谁更好更高级。中国的教育，几千年的文化，有很多值得传承的地方，只是现代社会的快速发展把那些最该传承的文明礼节、文化传统都慢慢地稀释了。因为高考让教育加入了很多应试的因素，这些因素有些时候对发散性思维可能是有限制的。反而美国的教育更看重发散性思维，而不是系统化管理和选拔机制体系中的一个结果。

事业线：合伙人是怎样加入的？

雪魔 Nini Suet：魏蕾和我是景山学校一年级就认识的发小，她在美国修了教育学硕士后开始在马里兰州的一所私立寄宿高中任教，并掌管过国际部门。一开始我独自一人折腾过一段时间，但创业是如此艰辛，我打电话给在美国的朋友魏蕾希望她回来帮我。可是她在美国已经生活9年，并不愿意放弃自己经营的生活和事业，她同意每到假期回北京帮我。创业的第一个暑假，我们忙了一天后坐在院子里，我和她说："如果你离开现在的学校，明年后年你的学校肯定还在。但是我不确定下一个暑假时，融尚私塾是否还会存在。"当时魏蕾还是很坚定原来的想法，谁知第二天一来到教室，她把我拉到一边，很严肃地说：决定搬回北京了。我当时激动得到处乱蹦，一边跳一边拥抱她。

别把自己太当回事儿

事业线：创业过程中最大的感受是什么？

雪魔 Nini Suet：别把自己当回事儿！当年我在景山是学霸，在学校呼风唤雨，老师同学都捧着你，但到了美国从零开始时才意识到在北京那种"理所当然"的态度根本行不通。没有人会因为你是学霸而给你一些特权，反而是擅长社交和运动好的学生更受欢迎。在国内经常被老师提名表扬，有各种特权来代表学校参加各种演讲或竞赛，但是到了美国之后，成绩好的学生拥有的"特权"就是仅仅作业上的优良评语，到了选拔参加竞赛或俱乐部时，所有的同学都是通过学生的投票和竞选来赢得名额的，学习好并没有优势。每年毕业班制作的 Yearbook（学生纪念册），都是各种好玩的奖项，有的同学获得了"最佳着装奖"，也有"最幽默奖"以及各种搞怪的"小卖部最佳客户""最具创意奖""知心大姐奖"等。作为年级第一，我只是在很小的角落有了一个"最强大脑奖"。

3 最强大脑奖究竟是什么

雪麑 Nini Suet：尤其考进普林斯顿后，发现身边随便抓一个学生，就是八项全能的超级学霸加各种家，如果你太把自己当回事儿去和别人比较，那最终就是比死人。

创业也是一样。离开了摩根士丹利、凤凰卫视、奥美、CNN 等闪烁着光环的平台后，要依靠的就是自己。当年靠着这些大山，走到哪里都可以仰头挺胸，因为在他人眼里，你代表了一个很大的企业。但创业后，为了公司的发展，必须放下身价去沟通、去接受质疑、去反复改正。这个世界上除了父母和家人以外，没有任何人有义务去无偿地帮助你。如果没有谦逊的态度，如果无法为他人提供价值，那么其他人凭什么在乎你？

事业线：未来打算做成一个什么样的公司？

雪麑 Nini Suet：我的理想是想把世界各地经验最丰富、最权威的教育专家聚集到融尚私塾，为中国的学生提供最个性化的能力提高课程以及为他们量身定制升学指导和人生规划方案。我们的目标不仅限于把孩子送入顶尖学府，同时希望把他们培养成真正的国际公民，既在学校里成绩优异，也在社会上有杰出的成就。

我们致力于培养下一代国际精英领袖：

他们有着超强的自主学习能力。

他们同时拥有完善的人格、独立的价值观和明确的人生方向。

他们视野开阔，具有批判性思维，同时肩负着改变社会的使命。

他们将成为一个优秀的领导者，不仅敢于创新，又具备冒险精神。

他们将为自己所肩负的社会责任而出发，为成为一个卓越的领导者而努力，为创造新的奇迹而义无反顾。

焦虑、亢奋、孤独交替不休,才是创业最真实的样子

焦虑 亢奋 孤独交替不休
才是创业最真实的样子

关晓菲

Sophie

Weego 联合创始人

北京／双子座

关晓菲，毕业于新加坡南洋理工大学、瑞典皇家理工学院，Weego 团队联合创始人。

推荐人评语

Weego 是一款极有灵性的 APP，以为旅行者提供智能动态的海外目的地信息与服务来切入境外旅游市场，不仅有用，而且有趣。Weego 的界面清新，用户体验令人惊喜，纵观国内旅游类 APP 无人能出其右，很有"硅谷范儿"。同时也有清晰的商业逻辑和市场野心。Weego 的创始团队也和这款产品一样，朝气蓬勃、创意十足，既有国际视野、国际经验也有本土创业的冲劲儿。

晓菲作为创始团队中唯一的女性合伙人，将多年海外留学工作积累的职业化素养以及精彩的旅行经验和全方位兴趣发展带到团队中，是团队发展中多方面的关键推动力量。同时，踏实细致的团队管理以及逻辑清晰有张力的对外沟通，让她成为团队里极为难得的多面手。

——徐妍岩（赛富亚洲基金副总裁）

Weego 介绍

Weego 致力于通过移动互联网技术智能优化用户的行程体验，为境外自由行游客提供基于地理位置的全方位、即时性、场景化的服务。通过1)具有高度实用性的精品专访专题板块，2)优选优质齐全结构化的旅游资讯（景点、餐厅、购物、本地活动),3)动态即时的本地提示（新闻推送、天气、交通等）有效解决旅行中信息不对称的问题。同时通过本地餐厅即时预定，一键叫车服务，实时导航等功能实现一站式解决本地服务。让用户在当地享受全方位的个性探索及智能旅行体验。

记得刚毕业来北京的时候，每次有人问我是哪里人，我都让对方猜20次，一次猜一个省，10年中只有一个人一次猜对了，95%的人20次都是错的。因为学生时代一直做播音（非专业）和主持，我几乎没有口音。可是今天的主人公晓菲坐在我对面的时候，她的声音和气质，可能需要猜30次才知道她是大东北那边的女生。

事业线： Weego 现在目前取得什么样的成绩?

晓菲 Sophie： Weego 完成 Pre-A 轮数百万美金融资，产品刚上线几个月海内外用户数十万，其中半数用户为海外用户。我们尝试过海内外城市同步进行的大型活动，与 Uber、Open Table 等互联网平台进行产品层面的接入。

事业线： 很多海归团队回来创业都会有些水土不服的感觉，你有吗?

晓菲 Sophie： 有，我高中毕业后就出国读书，不仅是大学教育，早期重要的职业发展都是在国外完成，因此对于国内的商业环境、生活方式都不熟悉，一切都要重新开始建立。这个过程很有意思，会让我发现原来这么多年在国外，个人的想法还是有很多单纯简单理想化的方面，工作方式也很外企范儿。我真的很佩服很多本土起家的互联网团队。

我的合伙人：喜欢冒险但总能绝境逢生

事业线：据说你的 partner 是个有能力又非常有故事的人，他是怎么加入的？

晓菲 Sophie：哈哈，作为合伙人的我应该先讲讲我自己是怎么被骗进来的，其实我觉得有时候生活的一些选择真的是机遇。我很相信这个理论，当你自己主动在寻求变化，在主动思考一个方向或领域的时候，你会获得你从来不会获得的灵感和机遇。我和 Weego 创始人的合作就是这样一次巧合，一拍即合。

李孝文是我很好的朋友，他是一个非常特立独行、勇于冒险、有很强烈的探索精神的人，大学的时候就喜欢各种极限运动，探险、登山、跳伞等。他很喜欢旅游，走过大概五十几个国家。在路上经常经历很惊险的事情，去阿根廷，自己开几十天的车，差点死在路上；去中东、巴基斯坦，身陷战区；到墨西哥、古巴，身上没有钱，需要求助于路人……他是一个特别愿意冒险的人，经常主动陷入高风险的局面，但每次都能够绝境逢生，挺有意思的。

在美国州立大学读机械工程和经济学双学位的时候，他带领团队设计了一款机械，拿到全美第一名，击败了很多项目，非常厉害。之后他在欧洲一个顶级咨询机构做旅游行业的咨询工作，后来回到纽约进入金融投资行业，自己做交易，做了一个比较大型 PE 的投资工作。他看问题的起点很高，同时也相信自己的能力是可以改变很多事情的，越困难的地方越能够激起他解决问题的冲动。

写邮件感动阿根廷大使

晓菲 Sophie：有一段时间阿根廷不开放对外签证办理，孝文为了拿到阿根廷的签证，给阿根廷大使写了一封特别长的邮件，把大使感动了，还见了他一面，特批了一个签证。类似这种事情在他身上经常发生。我对他的评价就是，总是能够在冒险中找到一些奇特的办法，把事情往前推进。他很冷静，在宏观分析问题上有自己独到的见解，较少受到外界的干扰。我觉得这是中国这一代年轻的创业者身上很少见的几个品质。这些特质让我愿意相信他，相信我们能把这件事情做成——这也是我加入 Weego 和他一起做事的原因。

关晓菲和创始人李孝文

事业线：除了合伙人的邀请，你为什么选择做旅行这件事？

晓菲 Sophie：我自己是一个旅行爱好者，热衷于探寻旅行中的历史与人文，2007 年第一次出国，在新加坡南洋理工大学就读电子电机工程专业，从此开启了 7 年多的东南亚生活；2008 年去美国做暑期实习，2010 年去瑞典皇家理工大学做交换生，10 年间在东南亚、欧洲几十个城市与国家留下了脚印。

旅行不再有达人，个性化是自己来定义的

事业线：你对旅游行业的未来怎么看？

晓菲 Sophie：我觉得旅行渐渐已经成为一种生活方式了，门槛会越来越

低，信息不平衡也会逐渐被打破。不再有达人和非达人的差别，而会是非常自我的探索，个性化是自己来定义的，而非复制其他人的理念。这是一个庞大的市场，当然不同人群的旅行模式还会有比较明显的区别，但我相信主动探索是未来的趋势，是更年轻化的旅行理念。

3 做攻略：过量信息、繁杂、累

刚出国的时候，旅行前做攻略要查阅大量的资料，读游记，读书，看电影，几点到几点干什么，具体交通路线设计，晚饭到哪里吃，电话是什么，全部罗列清楚后再把辅助材料大段的文字打印装订，拿着一本砖头一样的宝典上路，感觉玩得非常累，基本上攻略做好了，自己想出去玩的激情也消退了一半。

学生时代的旅游是真正意义上的"穷游"，工作之后，财务支配能力增强，更珍惜有限的年假，所以就思考如何摆脱这种笨拙的旅游方式，到底什么信息是我真正在旅行中需要的？

B 巴塞罗那司机会说英文吗

海量的 UGC（用户生成信息）游记里面有很多不变的东西，比如景点介绍、历史文化，但是诸如"今天有什么活动？""巴塞罗那司机会说英文吗"这样的信息我怎么找呢？即时类消息是我无法从别人过去的游记中确切获得的信息，另一类就是服务信息。你必须得知道怎么打车、怎么订餐，你才能玩得下去。

互联网浪尖上的女性

现有旅行产品的弊端

现在市面上流行的旅行产品并不区分这些信息和服务。比如它给你小贴士说，东京的 JR 卡怎么买。其实我不需要这个东西，我就是想知道从明治神宫到东京塔怎么走。大部分产品的弊端就是，把服务信息化了。它们给你一个个帖子，让你读了一堆东西之后才能理解。

Weego 希望自己是一个更好提供即时信息和链接服务的工具，让旅行者能与当地人一样，或者能享受当地人的生活服务。我们要做的其实就是"把服务回归到服务"，并且让服务更即时化。这就是我们切入旅行行业，做 Weego 产品的初衷。

事业线：旅游行业的产品有你觉得很棒的嘛？

晓菲 Sophie：旅游领域太庞大，每一个方向都可以打造出花样百出的产品，我比较欣赏 Google Now 的产品理念。

事业线：用户和你们有哪些好玩的互动？

晓菲 Sophie：我们每一个地区的用户群都有非常好的用户黏性，他们在群里有自己的分工。

譬如我们的第一个编辑来自于用户群，第一个海外志愿者来自于用户群，我甚至在海外办活动的过程中"忽悠"一个在美国留学的女孩休学回国实习，这个女孩后来加入我们并带来了极大的帮助。

团队文化：工程师们应该先喝 high

事业线：团队的氛围怎么样？

晓菲 Sophie：我们团队午餐和晚餐都是集体订餐，大家会定期一起健身、读书、跳舞。旅游公司嘛，美女比较多，大家又都处在年轻精力旺盛的阶段，对新鲜的有品质的生活方式都好奇心满满。我们也会经常办 party，酒文化是我们公司文化的重要组成部分，有时候我们会开玩笑，公司开发新版本的时候，工程师们应该先喝 high。

比较认同西方的家庭观念

事业线：家里怎么看待你创业？

晓菲 Sophie：作为一个海归文艺女青年，我的生活状态一直比较"后现代"。因为年纪比较小的时候就出国了，所以习惯了独立自主地生活，和父母亲人的相处也是精神层面交流多于实地的相处。我的家庭一直对我比较"放养"，只要我能保证自己的安全，生活不要太窘迫（哈哈），我的选择自主性非常高，这一点我还是比较感谢家人的。但同时不能够经常陪伴家人也有些愧疚，我希望有机会能带家人再走遍全世界。不过我比较认同西方的家庭观念，每一代人要把重心放在自己身上，有自己的生活，不要把精神世界依附在父母或者子女上。当然中国社会还在变革之中，作为转型期的一代人，我们需要对父母家人有更多的关怀，让他们在中老年的时候，还能找到生活中的乐趣和支点，比如我妈妈就在积极地学钢琴、学舞蹈，自得其乐，我为她的这种"忙碌"而感到幸福。

创业真实的样子：亢奋、孤独、焦虑交替不休

事业线：创业中你最大的感受是什么？

晓菲 Sophie：三个关键词：亢奋、孤独、感动。

亢奋：我经常会因为想到一个好的想法而半夜睡不着，在微信群里第一时间把想法写出来，我觉得灵感会稍纵即逝，所以要第一时间传达，小伙伴们说我是一个甲亢患者。

孤独：当你真正在创业的时候，才能感觉到最关键的问题是没有人可以帮助你做决定，你可以有很多谋士，可是真正兵临城下的时候，那最后一个决定，没人替得了你，你要非常果敢，也要担得起责任。

感动：创业会放大很多情感反馈，一条用户的评论，一篇文章被推送转发，一个新伙伴的加入，一个意外的志愿者等平时大家看在眼里觉得很正常的事情，会每天给我们很多温暖，创业者有时候看起来无坚不摧，有时候内心很脆弱，很敏感，这也是非常美好的感受。

事业线：是不是还有一个焦虑？感觉你有段时间处于这样的状态。

晓菲 Sophie：是的，我觉得焦虑是创业中高频出现的状态，我们需要学会从与它和平相处到将它打赢。但是不要假装它不存在。焦虑来自于很多方面：对于自己的质疑和不满、面对失败的焦虑。很多事情，不可以100%死磕，失

焦虑、亢奋、孤独交替不休，才是创业最真实的样子

败的产品，失败的验证，要能够厚脸皮承认自己犯的错误。太要面子去创业一定会逼死自己。能快速从失败的尝试里走出来，也是减少焦虑的成长之路。

另外去教别人跳舞也是我调整自己的一个好办法。

教跳舞减压

事业线：什么时候开始跳肚皮舞的？

晓菲 Sophie：2012 年第一次在朋友的课堂上接触肚皮舞，从音乐到肢体表达，阿拉伯的音乐和舞蹈中的神秘、被压抑的激情、对理想主义的渴求，那种有距离的美感和近距离的热情，将我一击命中。从新加坡到北京不知不觉学习肚皮舞就是 4 年多，非常幸运遇到的每一位老师都非常专业，其中还包括多位世界冠军级别和埃及本土神级大师。

近一年多我在不停表演，授课，办活动，一直和大家分享，尤其在创业以后，肚皮舞成了我减压最好的方法。在舞蹈的过程中我可以全程放松，而且很快可以恢复满格的自信，全力回归到战斗状态。而且每次学生给我的认可都让我非常感动。

创业就和这梅子一样，我忍到酸尽甘来，

创业就和这梅子一样
我忍到酸尽甘来

刘 羽

槑玩槑了创始人

北京／水瓶座

刘羽，槑玩槑了创始人。槑玩槑了是以梅类、果脯、蜜饯为主的零售品牌，2015年销售额2600万元左右，全国拥有45家店，以直营为主，拥有会员30万人。

推荐人评语

创业如同修行，需要信心、决心和耐心，需要时刻怀着感恩的心，坦然接受失败，不怨天尤人。刘腊八儿（刘羽）从无到有已经没完没了地奋斗了七年，摔倒过，但是又爬了起来，每次见到她都是阳光灿烂地笑着，她生来是个创业者，是个懂得感恩、积极前向的践行者。

——加措活佛

刘羽，我印象中的率真女生，乐观、懂事、努力！她似乎天生就该是创业者，有着不同寻常的坚韧以及天马行空的想象力，同时又能以极强的执行力将各种创意付诸实施。永远都能看到她的笑容，即使那笑容背后或许艰辛无数，她　如既往地从容淡定。都说创业路是条不归路，可在刘羽的脸上我从未看到过恐惧。祝福这个敢于挑战，极具创业精神的京城小妞。

——赫连剑（茹瑞格传播创始人）

> "创业就跟这梅子一样,永远都是先酸后甜,只是有太多人没忍过酸劲就吐了,而我做的就是一直忍到酸尽甜来。"
>
> ——刘羽

槑式家族

有这样一家以梅类果脯蜜饯主打的零食店,里面零食的名字都是诸如"槑折、槑理、槑门、槑谱儿、槑心眼"这类,萌萌的感觉"扑嘴而来",让人不禁看到名字就想打开钱包。

刘羽是农历腊月初八出生,因此朋友们叫她"刘腊八儿"。作为一个北京姑娘,刘羽骨子里不喜欢束缚、被人管,工作几年换了很多份工作后,就想自己做点事情。想到自己从小爱吃话梅,身边有着同样爱好的人也不少,就开起了专卖梅子的零食店。

一位特别顾客

2009年7月2日,北京朝外SOHO,准备两个月的小店,"槑玩槑了"的前身"梅完梅了"开业了。

"梅完梅了"的店名题字可是有点来头,它出自国家一级美术师李呈修老师之手。李呈修老师平常不会随便给人题字,更不用说是作商业用途。提起这个,刘羽满脸得意。李老师曾经是刘羽在九州出版社的同事!两人个性相投,结下了忘年之交。

这块价值不菲的招牌,给"梅完梅了"带来了一位特殊的客人——"观复"

博物馆馆长、文物收藏家马未都先生。大概是好奇一个不起眼的零食小店竟然会挂一位大师的笔迹，当他走进店里，刘羽一眼就认出了他。

"马老师好！"，打完招呼像招待其他顾客一样，邀请他品尝话梅。吃到"梅酸酸"（一种泰国野梅，以味酸著称）时马老师夸奖"名字起得好，有创意"。走时买了一袋"梅酸酸"，说："开这样一家小店不仅是一种生活方式，还是一种品位。"来自大师顾客的话让刘羽斗志昂扬。

创业初期：难看到哭的花车

有一次接到西单大悦城"美食节"的邀请通知，刘羽感觉自己离梦想近了一步。她花3000元找人制作了一辆花车，用来在美食节期间做销售流动柜台和品牌展示，在想象中这辆花车虽然不奢华但应该精致好看，结果收到的实物却是由白花花的钢板组成的粗笨车身，让人不忍心看第二眼。刘羽去找制作商理论，对方冷冷地扔过一句话"3000元只能做出这样的效果"。无奈她自己动手装潢车身，车架贴上云朵状的LOGO，车身缀上黑白色的"小气泡"，再跑回朝外店，拉来店内的木质桌椅和小黑板，在凌晨3点送到大悦城。

难看的花车、没优势的位置，却挡不住话梅销售良好。

"刚才'金龟子'刘纯燕和她儿子来买话梅，就坐在咱家椅子上吃呢！"店员说。

这一天的生意特别好，晚上不到8点，商品售罄，销售额达到了创业以来最高销售纪录。

刘羽没有抛弃那辆难看的花车，改了很多次，用自己手绘的各种海报去装饰，后来商场工作人员都很喜欢那辆花车，觉得有创意。

一天卖掉 2.5 吨花生

2012 年是中国团购业最红火的时候，刘羽拿出一款叫"梅花落"的花生尝试了一下，这一尝试不要紧，一天卖掉了 2.5 吨。如此高的销量令人兴奋不已，可高兴之后忧愁就来了，1 万多位用户在等着第一时间吃上梅花落，这打包发货的工作量犹如一座大山，当时团队的人数只有 10 人左右，刘羽拉上了自己家人以及所有能拉上的同学、朋友、亲戚，没日没夜地打包分发，这才赶在 7 天内将这一超大订单完成发货。

一直到现在，这款花生依旧是楳玩楳了销售排行榜的"TOP 3"产品。

女汉子不足以形容创业者，全能女超人还差不多

娃娃脸的刘羽被朋友们称为"最像服务员的老板"。卖货、搬货、采购、培训、拍照、PS、修理、换轮胎……

她说自己至少亲手装卸过几百吨的货物，忙不过来时有些重要订单刘羽就自己开车送货——对方以为她是物流人员，会要求她搬货卸货，得知是老板后都很惊讶，刘羽对此反倒坦然。

交警叔叔的调侃

创始人的工作非常忙碌琐碎，刘羽习惯在自己的车上放置一个记事贴，上面密密麻麻记录着待做事项，处理完的会被画钩。有一次车辆限号刘羽开车

出门办事，交警走过来时她还在左手接电话右手在记事贴上写东西，交警用北京特有的调侃方式说道"哟嗬，你这业务挺忙的"，原本是两三百元的罚单，最后只罚了100元。

事业线：这个品牌名字是怎么起的？

刘羽：因为是卖梅子嘛，刚开始我想过"梅门""梅折""梅谱"等数十个名字。想到我一吃起梅子来，真的是没完没了停不下来，最后选定了与冯小刚同名电影《没完没了》谐音的"梅完梅了"，还专门到姓名网上测算了一番，评价不错，后来改成现在的"槑玩槑了"。从"梅完梅了"变成"槑玩槑了"，文字上的变化带来更多互联网、年轻化的感觉，我更希望让这个名字代表我做这份事业的心态，从一开始觉得好玩，到后来越玩越想玩儿成"虫儿"、玩儿成"家"（注：北京话类似于玩家的意思），希望借此能够时刻激励自己，不变初心。

"没完没了"的原意是没有完结，而"槑玩槑了"代表好吃好玩，我希望当人们工作、压力没完没了，爱情、友情没完没了的时候，很自然地联想到"槑玩槑了"。

事业线：能简单描述一下项目目前取得的成绩吗？

刘羽：到2015年止全国共有45家店，过去一年的销售额在2600万元左右，目前打通线上线下全渠道会员，拥有会员人数30万人。

2016年我们的销售目标是5000万。

事业线：是从一开始所有产品都是这样的名字吗？感觉你们的名字特别好玩儿，比如那个叫槑花落的花生，一下子让我想到了梅花三弄里的梅花烙。

刘羽：有一次一个朋友来店里，"这话梅为什么不叫'梅穿内裤'？"朋友指着一种半圆形的话梅产品调侃。我觉得这个创意特好，于是店内的食品一律改姓"梅"，发展到现在就都是"槑式家族"。比如"槑剩女"就是圣女果干；加州西梅生长在国外，名为"槑回国"；凌乱的陈皮条形似"九阴白骨爪"，起名"槑超风"；最小的水果是樱桃，我们做人不做"小心眼"，所以叫"槑心眼"；蜜金橘败火，"槑有火"最合适。顾客都特别喜欢我们产品的名字。

事业线：在挑选供应商方面会有哪些把关？

刘羽：梅子我只选福建漳州诏安的，日照时间长，气候温暖，冬无严寒，夏无酷暑，雨量充沛。非常适合青梅的生长。这里的青梅果肉饱满，皮薄核小，有机酸含量最高，是最好的产地。

很多其他厂家用的是浙江一带的梅子，而我们始终坚持从产地开始严格把控。

收到顾客的婚礼请帖

事业线：用户会和这个品牌有互动吗？

刘羽：有啊，除了上面说过的一些像马未都、金龟子等名人，我们有非常长情的用户。有一个用户她第一次买我们的梅子的时候还是大学生，猱玩猱了的梅子一直陪伴她从大学生到结婚再到成为 2 岁宝宝的妈妈，她结婚的时候还邀请了我，这个用户也在我们做活动忙不过来的时候来店里帮过忙，现在已经变成了朋友。来自用户的感悟认可让人非常感动。

事业线：员工会和你打成一片吗？

刘羽：我会带着我的员工一起去见外面的世界，团建时带着团队去过中国台湾、韩国等地，员工很多都是农村出来的"80"、"90"后，很多人第一次出国的机会都是"猱玩猱了"提供的。

事业线：创业过程中遇到最困难的事情是什么？

刘羽：没钱；没人；没时间。找到合适的合伙人是最大的问题。

众所周知，零售行业最重要的就是人。大多这个行业里有经验的人都是

上了年纪的。有管理经验、营销能力的年轻人鲜有关注果脯蜜饯行业，高质量人才的匮乏导致我店里的人员几乎都是职场新丁。曾经也招过号称有丰富经验的培训主管，但那人用的却是在麦当劳打工时的基础培训手册来糊弄我。为此我曾特地去请教物美集团副总裁王坚平先生，谈到我们现阶段人力资源的问题时，王坚平先生说了三个字："自己做！"

于是我只能用自己的经验，从现有员工团队中挑出几个人，让他们从头学起，从头培养团队骨干。

事业线：创业中最大的感受、关键词是什么？

刘羽：永远有颗好奇的心。

事业线：未来打算做成一个什么样的公司？

刘羽：以梅子、果干为主的体验式消费的综合品牌，有文化，有深度，整合行业，引领行业，秉承传承。让"槑玩槑了"朝着更加健康、创新的方向发展，做一个永远好吃、好玩的公司。

我学习的目标是星巴克（starbucks），从咖啡文化到周边产品，还有会员的忠诚度，像星巴克成为咖啡的代名词一样，让"槑玩槑了"成为梅子的代名词。

事业线：家里支持你创业吗？

刘羽：最开始做这件事的时候，父母、朋友们都不是很看好，尤其是父亲，更是觉得话梅这东西谁会买？而我又是报喜不报忧的，所以3年后，他们改变了对我做这件事情的看法。可惜陪父母的时间不是很多，我们一家人最近总说的就是，把各自的身体照顾好，就是对家庭，对我最大的支持。

大宗物流男人堆里的女创业者

大宗物流男人堆里的女创业者

单丹丹

福佑卡车创始人兼 CEO

北京／狮子座

单丹丹，曾在南京禄口国际机场货运中心工作，2014年创立福佑卡车平台。

融资情况

6600万人民币（天使轮到A轮），主投方盈信资本。

推荐人评语

单丹丹有踏实、勇敢、勤勉、专注的特质，是一位优秀的创业者。

——德邦物流有限公司董事长崔维星

单丹丹是最懂物流的互联网人，是最懂互联网的物流人。

——梅花天使创投创始人吴世春

福佑卡车

福佑卡车是一个城际整车运输服务的物流交易互联网平台。整合行业零散运力，以经纪人竞价和独创的"询价算法"模式，帮助企业降低物流成本，提高行业的效率。

3.7万亿的市场

大宗物流行业是一个几乎全员男性的粗犷行业，而单丹丹是这个行业里唯一的女性创业者。她每次参加行业大会，都是万绿丛中一点红。

大宗货物的物流是指一单货物在5吨以上的物流运输。这是个3.7万亿的大市场。大家日常可以在公路上看到很多满载的大卡车，装着太阳能板、钢材，甚至平时女孩子们网购买的小包裹，其实也是要通过集中的物流送达各省再分发。高速公路和国道是我们国民经济的主动脉，城市里的道路环线，是毛细血管。大宗货物的物流主要是在主动脉上完成的。

我国物流成本占GDP的18%，比发达国家高出6.5%，平均物流成本占销售额的8%，占商品总成本30%。这些比例要比发达国家高出一倍。

三次创业经历

事业线：你是因为什么开始创业的？

单丹丹：我属于工作生活一帆风顺的人，刚开始时在机场工作，单位很好，老公很好，我们俩的薪资在同龄人中处于中上水平，但是我过着过着，就觉得很"心虚"。每次看到我们老同事退休的时候，我就想，我以后就是他们那个样子，过100天和过1天是一样的，过1年跟过100年也是一样的，那我到这个世上来干吗？所以我一定要有变化！

事业线：听说这是你第三次创业了是吗？

单丹丹：是的，我从1997年进入南京禄口国际机场货运中心工作，

你好！创业。
——在痛并快乐的名路上

福佑卡车

2007 年创立南京福佑物流有限公司

2010 年创立南京争渡信息科技有限公司

2014 年创立福佑卡车平台

事业线：这里面每一个项目都成功了吗？

单丹丹：并没有。2010 年的时候，我接触互联网。开始做筷乐777（争渡信息），是一个餐饮的信息平台，做了 3 年，这个项目没有做成。花掉了自己 300 多万。

事业线：那这个学费不便宜。

单丹丹：是啊，但是这个项目使我进入了互联网这个行业，有了一些互联网思维，也试过错了，这时候再回过头来看看我耕耘了近 10 年的物流行业，我觉得可以做一些嫁接和裂变，所以 2014 年，我就做了福佑卡车这个项目。

事业线：大宗物流这个领域什么样，大众好像不太了解

单丹丹：物流行业整体仍处于极其传统的模式下，相比于其他行业还未受到太多的互联网冲击。这是一片蓝海市场。

但整个行业的"缺乏诚信"，"运输风险系数""从业者素质"等问题成为互联网平台的巨大挑战。

影响物流成本居高不下的因素有很多，很大程度是由于信息不对称，大量的货车找不到回程的货物，那就要把往返的成本算在单程上。中国有3300万辆货车，如果每天都有活拉，一个月可以行驶21000公里。但是，目前中国货车平均每个月只能行驶10000公里，就是因为没有回程的货物信息，只能等待，等待时间平均2天。对于企业来说，他们更希望能够最快地找到回程的车，这样他们的物流成本可以降低，因为长途运输的运费平均要5000元，节约10%—20%的成本都将是一个不小的数字。

司机群体的生存状态令人担忧

单丹丹：由于信息不对称，过高的路桥费和油费等，中国司机的生存状态令人担忧。这个群体是产业链的最底层，靠出卖体力和牺牲安全来讨生活，在社会里没有存在感和价值感的。他们从一个城市拉货到另外一个陌生的城市，如果空车返程，那么这一趟活就白拉了。如果要找到回程的活，他们得等待，找当地物流园的经纪人帮忙找活。很多司机舍不得住一天30块钱的旅馆，到了夏天就睡在车上，内衣内裤就晾在雨刮器上。有的司机甚至等到15天才能找到合适自己的回程货物，那么这15天的车辆固定成本和吃喝拉撒的费用、车辆的折旧，保险和各项杂费全部算在了物流成本里。

有的司机拉了不诚信货主的货物，还会受骗。比如到了收货人的工厂，

收货人把工厂门关起来强制司机卸货，然后就不给运费，司机也投诉无门。当然也有的司机不诚信半路要求加价。总之，这是一个极度缺乏诚信的市场，很多时候以恶制恶。

事业线：*福佑卡车解决了哪些痛点？*

单丹丹：首先做信息平台，需要最大限度消除信息不对称，目前福佑卡车有网站、有 APP，APP 有货主版：发布运输需求；经纪人版：发布报价、帮助司机揽活，司机本人也可以做经纪人。这样就可以帮助更多的司机找到合适的回程的活，有运输需求的企业也可以通过对比选择性价比高的接单人，而经纪人这个中间角色，能得到更多的市场信息赚更多的钱。

事业线：*刚刚有聊到整个行业的诚信问题，如果平台上的雇主或司机出现这类问题，福佑有什么规则？*

单丹丹：评价机制。如果你在某一订单中出现不诚信的行为，对方一定会做出评价，那这个评价是平台上所有人都看得到的，会影响你以后的合作。

事业线：*你觉得对创业团队来说什么最重要？*

单丹丹：我觉得一个创业团队最重要的一点是价值观统一，每一个创始人都求贤若渴，在碰到优秀人才的时候，恨不得立刻许诺，哪一块给你全部负责。但是，这个时候往往忽略了价值观的问题。价值观不统一，越优秀的人对公司的伤害越大，这一点，我也是在创业这么多年后才深有体会。

团队里 CEO 这个角色，我觉得应该坚定不移地研究产品，把你的传播属性放在产品里面，让产品能够自然地传播，这是我去过硅谷和 UBER 很多次后最深的一个感受。

事业线：经历三次创业，有什么感悟？

单丹丹：

1. 创业一定要先分析自己，做自己熟悉的领域。
2. 创业要敢于取舍，勇于改变。
3. 创业不怕失败，怕不善于总结，不敢否定自己是种逃避。

最后想说，兴趣是最好的老师，做自己感兴趣的事情，身随心动，坚持做自己是对生命的尊重，做最好的自己是对生命美好的负责。

事业与家庭：女性的格局高度决定了整个家庭的高度

事业线：创业与家庭之间需要特别费力平衡么？

单丹丹：我觉得对于女性，家庭永远是第一位的，这个是毋庸置疑的。其实每一个职业女性，都同样会面临着家庭和事业的平衡，我的观点是，花在锅碗瓢盆上的时间可以少一些，但是对于家庭从精神上、情感上的给予，一点都不能少。女性是家庭的CEO，女性的格局高度决定了一个家庭的高度，妈妈的视野决定孩子的视野。我不赞成全职太太，我觉得女性也应该不断地学习，不一定非要创业，但要不断学习，不断提升自己。

我现在工作在北京，而家却在南京。对于孩子，没有更多地陪伴他的成长。对爱人也是缺少更多的关爱。我会尽最大努力提高与孩子和爱人在一起的质量，现在看来还是平衡得不错的，我们是非常幸福的一家三口。

事业线：有过什么纠结或无法取舍的时候么？

单丹丹：今年的1月13日，在一场重要路演开始前，我的电话响了，儿子在学校跳绳不小心摔倒骨折了。当时我又急又心疼，也不知道孩子的具体情况严重不严重，如果当时自己人在南京，一定是立刻赶到孩子身边。可是孩子在南京，我在北京创业，再急也无法立刻到达，马上就要路演了，着急加紧张，我满头大汗。做了几个深呼吸，我告诉自己必须以最快的速度把心情平复下来，投入到我的路演里面。幸好，路演很成功。路演一结束，我飞奔出会议室，打电话回家，儿子正在医院打石膏呢。我的心飞到了他的身边，我想母爱的方式有很多种，虽然我不在孩子的身边，不能给孩子很多的时间，那么我只能努力地给他一个最好的我自己，用我的成长陪伴他的成长。

3 在恶劣的外部环境下能创业的女性，基因强大

事业线：现在女性创业是社会和媒体追逐的一个热点，你作为创业女性的一员，怎么看？

单丹丹：2009年，美国亚利桑那州的两个教授在之前伦敦帝国大学两个教授的研究基础上，对女性创业者的基因进行了更深层次的研究。研究结果表明：女性创业者之所以选择创业，基因影响的因素更大。他们给出的答案是：其实女性创业无论从社会，从家庭，从投资人等各方面来说，都有一些不利的因素和影响，甚至是有一些歧视。那么，女性在处于劣势、不利于女性创业的整个外部环境下，还能创业，证明她这个基因实在是太强大了。这个不是我说的，是有科学的理论和依据的。

从我们自身角度说，要把自己的优势发挥出来，女性创业者应该先找到自己的一块长板，再去找其他的长板，组成一个新的大的木桶装，更多的水。

让我们看看福佑卡车的优秀团队：

创始人单丹丹，连续创业者，十年的物流行业经验，四年的互联网行业历练，跨界创业女性。

技术合伙人张凌志，十五年硅谷工作经验，来自于纽交所上市公司TREMOR VIDEO，任职产品研发总监。

市场合伙人黄德伟，来自于菜鸟物流，任菜鸟物流的业务拓展高级专家。

她出身教育世家,被 25 元的"大餐"吸引创业,

她出身教育世家
被 25 元的『大餐』吸引创业

任 松
Angela

秀美甲联合创始人

北京／金牛座

任松，曾任哈昵宝贝创始人、爱乐活江苏区总经理。现为"秀美甲"创始人。

融资状态

已经完成三轮融资，目前正在准备新三板上市。

推荐人评语

作为"秀美甲"的联合创始人兼COO，任松（Angela）集美貌和智慧于一身，家学渊源，美学世家，拥有很高的艺术造诣，琴棋书画无所不通。既在大企业做过高管，也成功创立过自己的早教连锁品牌，是成功的创业家。2013年被秀美甲创始人CEO易文飞经过一顿麦当劳的"忽悠"后，纵身投入立志于打造中国美业服务的入口级互联网平台的事业中，推动公司运营和商业版图不断扩张，在业界和公司都享有很高的声望。

紧跟新产业是我们一直以来所坚持的策略，互联网美业就是一个从"热"到"非常热"的行业。作为第一家美业O2O平台，秀美甲是一家优秀的互联网公司，从品牌建立到品牌成长一直备受瞩目。有效的推广模式，垂直平台相比综合平台的竞争优势，良好的流量潜力和盈利空间，市场规模与增速，优质的用户体验，让秀美甲潜力迸发，成为整个互联网美业的优秀领军者！

——汪潮（涌信中利集团创始人、董事长）

秀美甲

秀美甲是 O2O 美甲平台，集预约、培训、美图为一体，为用户提供高品质到店美甲及上门美甲服务。截至目前，全球用户突破 3500 万，入驻商家超过 30 万家，在线美甲师超过 40 万。覆盖全国大多数一二三线城市。

在笔者采访过的所有创业女性中，任松是我最想用"温润"两个字形容的对象，不是温润如水，水太味淡；不是温润如玉，玉太易碎，她的温润是有智慧、有厚度的温润。在没有正式见面前，通过微信沟通的任松给人高冷、不好接触的感觉，见面后你反而被她这种温润的磁场所吸引。

任松出身教育世家、文化世家，家族中最出名的是姥爷王森然，姥爷是中国现代教育家、思想家、文学家、史学家、艺术家；中央美术学院美术史系有以他名字命名的"王森然奖学金"，在国内外享有很高的声誉；三姨丁榕是国家特级教师，曾任北京四中政教处主任，北京市第八、九、十届人大代表，各种荣誉数不过来，家族中的其他人也多在文化、教育领域多有建树。

任松经历过两次婴幼儿教育领域的成功创业，担任过爱乐活江苏区的总经理，拥有国际心理咨询师认证、国际营养师认证、国际催眠师资格认证……

抠门的合伙人：用 25 块钱的麦当劳"挖"到任松

事业线：易总是怎样"挖"到你加入的？

Angela 任松：这个特别有意思，2013 年 10 月份在南京易文飞先生给我打电话希望能一起聊聊他现在的项目，在那之前我们只见过一次面。他让我开车 40

分钟去见他并告诉我只有半小时请我吃中饭谈事情，印象最深的就是他请我吃的大餐是 25 元的汉堡、薯条，然后开始了他半小时的"边吃边演讲"，在嘈杂的环境中基于我对他的尊重，我很专注的听，几乎没有吃一口，后来他把我没动过的薯条也拿去吃了。就这样在他结束演讲的时候，我说："好吧，一起干吧。"

事业线： 就 25 块钱的汉堡、薯条还几乎都自己吃了，易总找合伙人的成本控制得很好啊！

Angela 任松： 哈哈，开个玩笑，但在这半个小时的沟通中，我发现他对家庭、孩子的态度体现出很强的责任感；他家庭背景优越，算是大家常说的"富二代"，但在他身上并没有"富二代"的物质气息，不浮夸；而他对这个行业的分析逻辑非常强大，这让我知道眼前这位不修边幅的人其实是个有梦想、真诚并且极具商业头脑及丰富运营经验的人，应该是一个很好的合作伙伴。所以我毅然决然地从南京来到北京重新开始新的事业。

优秀的人总会聚到一起

如此"抠门"的创始人，到底他身上的哪些特质吸引了任松的加入呢？让我们来看看他的简介。

易文飞： 秀美甲创始人，曾任当当网集团副总裁、苏宁集团数字应用常务副总，拥有 9 项发明专利，国内外期刊发表文章近十篇，是兼具技术研发能力、创业经验、行业理解、渠道资源的成熟全面的创业人才，同时也是北京大学经管学院电子商务课题组副主任以及电子商务部电子商务信息化司授课专家，也是中国计算机学会会员、江苏省计算机学会会员。曾多次接受 CCTV、中央人民广播电台、《中国企业家》杂志、《创业家》杂志、新浪、网易、腾讯等媒体的专访。

创始人的担当

有一次到了年底需要发工资时，公司账上没有流动资金了，投资人打进来的钱是美元无法快速使用，几个合伙人准备一起拿出私人的钱垫资给员工发工资用，但是易文飞认为自己是创始人应该在这个时候担当起来，最后公司使用的是易总一个人的钱，这样的担当，让任松庆幸自己遇到了内外兼优的Partner（搭档）。

创业女汉子心大：不知道自己骨折，继续工作

2015年11月，秀美甲公司搬家，任松急急忙忙从南京赶回北京，走楼梯时摔倒，当时没觉得怎么样，就继续工作了，结果晚上胳膊疼的不敢动，为了不打搅同事自己去医院检查，医生说是骨折，直接进了手术室，手术结束后已经凌晨12点多。虽然脆弱时刻也在医院哭了，但她直到手术完第二天才给同事打电话，CEO易文飞带着同事们赶到医院，真是一个大写的心疼。

为了优秀人才假装自己是人事专员

有一次招聘一个图像职位，任松在网上发现一份很好的简历，清华毕业，在一个国有研究院工作，当时晚上11点多打电话过去，对方很惊讶地问"你们公

司这么晚还在加班吗？"任松谎称自己是公司的人事专员，并不是公司要求加班，而是自己主动加班，令对方觉得你们公司一个小职员都这么尽职尽责，公司氛围应该不错。但是当时这个人并没有跳槽的想法，任松觉得人才难得，坚持联系了一个月。一个月后对方同时也收到了百度的 OFFER（录用意向），薪资是秀美甲能给出的 3 倍，但最终还是被任松打动加入秀美甲，目前是图像事业部的负责人。

事业线：除了易总的行业分析，你是因为什么原因选择了美甲领域创业？

Angela 任松：我对一切跟美相关的事物都特别感兴趣，美甲某个程度上和艺术、设计是非常相关的。并且我曾经做过教育连锁，发现很多会员家长陪同孩子上课的同时会去做美甲，在聊天中发现很多会员为了做一次好看的指甲会专门坐飞机去深圳或者香港去做，单价常常高达上千元，所以当我遇见现在的 CEO 易文飞先生跟我说这个项目的时候，基于商业的经验，我认为如此高频的美甲行业完全可以做大做强。

事业线：秀美甲目前取得哪些成绩？

Angela 任松：秀美甲以平台模式切入，形成流量入口，目前以 3500 多万激活用户，月度活跃用户 350 多万，入住商家 35 万，日订单 1 万多单等运营数据领先于竞争对手，成为行业第一。同时在 2015 年 10 月，在国内最权威的 App Base 数据显示秀美甲在 App 综合实力排名第一。并且入选腾讯"双百计划"和常青藤首期项目 40 家企业之一。

用户自费造美甲车帮秀美甲做宣传

事业线：你觉得秀美甲给美甲商家带来了哪些改变？

互联网浪尖上的女性

Angela 任松：刚开始做社区时我们整个创始人团队都兼职做客服，在秀美甲社区里发现有些商家做的款式特别好，但是发帖内容比较普通，我们就认为自己有责任引导和帮助他们，所以组织商家活动，教他们如何拍照，并出钱买些拍照需要的基础道具送给他们。平时他们发上来的内容会经常给他们反馈有多少赞，有多少用户评论。

商家对我们的黏性和赞同越来越高

比如有个用户是一家美甲店主，她在社区里非常活跃，后来过来做兼职帮助我们，每天晚上6点到12点，总共坚持了三年。三年里除了在秀美甲的平台上收获很多订单，也陪着我们一同成长。

还有一个广西的商家类用户，因为他觉得秀美甲的平台对他帮助特别大，

就自费做了台秀美甲移动车——就是把一辆面包车改造成了美甲车，免费帮我们宣传。

事业线：创业过程中你觉得遇到最困难的事情是什么？

Angela 任松：创业过程中我遇到最困难的事情是人才的招募和员工关系的维护，公司进入不同的阶段需要有不同的人才，所以每个阶段招募合适的人才特别的难。我们动用过猎头顾问以及朋友介绍，发现当我们付出了高昂猎头费的时候未必能找到合适的人，往往猎头费用付了，还没入职一段时间呢，人就走了，非常遗憾。所以我们会花很多的精力在人才招募和沟通上，有的时候自己亲自沟通的效果要更好些。

事业线：创业中最大的感受是什么？

Angela 任松：创业最大的感受就是很幸运遇到非常棒的合伙人，我们彼此信任，有时候也会为工作的事情争吵，但是对事不对人，每当我遇到工作和生活的压力情绪低落的时候，我总会得到他们的关心、理解和帮助，他们会说："Angela 不要灰心，有我们在，一切都会好起来！"所以每当得到来自他们的鼓励时你会觉得自己一点都不孤单，有一种安全感，即使工作再累，我们的心也是轻松快乐的。

事业线：未来打算做成一个什么样的公司？

Angela 任松：秀美甲未来希望立足于美甲，采用工具＋内容＋社区＋交易的产品结构，形成集聊天、资讯、电商、预约到店和培训为一体的微生态闭环产品，提供到店＋上门全场景服务，通过美业品类的扩充，将秀美甲打造为全球最大、最热门的互联网美业生态平台。

事业线：对女性创业者有什么想说的？

Angela 任松：女性创业者需要修炼强大的内心，在创业的同时区分好自己的角色，平衡并切换好在家里和工作时的不同状态。

人格独立、经济独立、思想独立，这三点对女性永远至关重要。

别说孕妇和创业无缘，看看这个"超能"孕妇

别说孕妇和创业无缘
看看这个『超能』孕妇

杨索娜

前娜镇清凉创始人
创造设联合创始人

北京／处女座

杨索娜，天津人，营销达人，媒体从业者，2008年从传统媒体转入互联网行业，从事营销策划8年，曾就职新浪等互联网公司。2014年创办互联网冰激凌品牌娜镇清凉，成为冰激凌界的一匹黑马。

推荐人评语

女性创业者就像荆棘里的花朵，杨索娜总能心怀梦想，奋不顾身地绽放。

——国安创投总经理　薛玮

很钦佩索娜的勇敢，孕育生命的同时，踏上创业的征程，母亲、创业者……她在人生角色的转换中不断蜕变。

——北京卫视《我是独角兽》总策划　梁岚

杨索娜：强大的规划能力对创业者很重要：很多人说自己平衡不好事业和生活，我却是个非典型，生宝宝前一周还在电视台录节目，儿子满月就恢复正常的社交和工作。不是为了拼而拼，而是相信自己能够规划好这一切。

互联网浪尖上的女性

大多数人都觉得孕妇和创业无关，因为这个人群确实是离创业最远的一群人，因为怀孕过程中的孕吐、浮肿、体重增加、数不清的产检、抽血以及因体重增加带来的行动不便、因体内激素大幅变化带来的情绪浮动，都让一位准妈妈十分辛苦。别说创业了，很多孕妇会放弃工作专心孕育宝宝。

而我们今天专访中的主人公杨索娜，绝对是个例外。

3. 瞧瞧这位"超能"的孕妇

- 2014年5月开业第一家"娜镇清凉"店；
- 2015年（怀孕年）陆续在天津、北京、太原、洛阳、承德开了13家分店；
- 怀孕期间参加天津卫视新闻节目、天津人民广播电台《财富聊聊吧》，北京卫视网络电视、BTV大媒体、方橙TV合作拍摄夏日大片《特种冰奇遇记》，参加北京卫视《我是独角兽》创投真人秀节目录制；
- 怀孕期间见了10几家投资机构，参加路演活动；
- 怀孕期间筹建了娜镇清凉中央厨房；
- 2015年10月生宝宝，儿子出生前一周在北京电视台录制节目；
- 生之前的最后一天还在和一家食品品牌谈合作；
- 2015年11月儿子满月，开始恢复正常社交和工作；
- 2016年停掉原有项目，参与创造设项目，担任市场负责人；
- 至2016年5月，创造设9个月时间签订1亿元的订单，完成回款2000多万。

看看这个时间表，真的不是普通人能承受的，而杨索娜则在这样的时间轴里不仅完成了创业、怀孕、生宝宝等一系列大事件，而且非常顺畅地平衡了家庭与事业。

她是怎么做到的呢？让我们从她的冰激凌事业开始说起吧。

秀恩爱秀出来的事业

冰激凌是甜蜜的，杨索娜当时的男朋友现在的老公在全球旅行中最喜欢吃的东西是冰激凌，最初是做给男朋友吃的冰激凌，在朋友圈"秀恩爱"。因为造型独特大受欢迎，于是她就开了一家冰激凌店试水，一个普通商场不起眼的15平米的位置，却在天津火爆了整个夏天，每日销售供不应求，一个月卖冰棍卖了50万元。后来索娜查阅资料发现，中国的冰激凌市场被外资品牌垄断，还没有本土品牌占据一席之地，这么好的市场和机会不容错过，她创立了"娜镇清凉"，开拓了甜蜜的冰激凌事业。

5 500块营销费用搞定天津

事业线：据说当时你的冰激凌在天津卖疯了，但营销费用一共只花了500元？

杨索娜：我们创业初期，的的确确只花了500元的营销成本。我们的冰激凌产品颜值特别高，也正因为此，受到了很多美女的喜爱。买家买了我们的冰激凌产品，都会自拍、合影发朋友圈，晒我们的产品，还有很多外地来天津旅行的游客把我们写进了旅行攻略。因为用户的主动传播，很快让就让"娜镇清凉"的品牌响彻天津，同时因为低成本营销取得的成绩，很多人都会找我做营销方面的咨询，寻找营销方面的突破，来者甚至有冷饮行业很多大型企业的高管。

B 冰棍也要为悦己者容

杨索娜："女为悦己者容"，我们的"娜镇清凉"为顾客而"容"。当时我们是全国唯一一家可定制的冰激凌店。顾客想要的造型，我们都能实现。而我很看重冰激凌的卖相，我要求冰激凌师傅手上的各种造型图案要栩栩如生。为了达到栩栩如生的效果，我对造型的要求极高，哪里的比例关系不对、角度不对，都会及时指出并反复修正。就这样，消费者手里的冰激凌才会是萌萌哒，与众不同的。

事业线：当时你家冰激凌的价格是接近哈根达斯的，能够卖得好除了造型时尚新潮外，原料上有什么要求吗？

杨索娜：一款好产品不能只卖相好，口感更要好。我决定所有制作冰激凌的原料都要选择最好的。我们选择了空运进口的新西兰奶粉、法国果蓉、意大利冰激凌酱料……在制作上，采用了Gelato（意式冰激凌）的制作方法，坚持以新鲜的乳品，优质的水果和传统的手工精心制造而成，对冰激凌的新鲜度和细腻度，以及低糖分与低脂肪方面尤为强调。

B 不卖冰激凌改装修了

创造设早期作品

事业线：你觉得自己创业影响了哪些人？

杨索娜：我创业这件事情，被我影响最大的就是我先生杨宏庆（老黑），他被我们的创业氛围深深影响，也激起了他再次创业的热情。如今，他创立了专门为创业者服务的智能装饰设计公司，为创业者提供办公室及联合办公空间的设计、装修施工等一条龙的服务。

中国平均每分钟诞生7家公司

事业线：后来你自己也加入了进来？

杨索娜：是的。我先生杨宏庆毕业于天津美术学院，从事设计装修行业16年，办公空间、五星级酒店、餐饮、会所等大型项目的装修经验非常丰富，做过中国第一家孵化器创新工场、中关村创业大街第一家孵化器的整体设计装修工程。根据第三方数据，中国每天有一万多家企业注册，平均每分钟就会诞生7家，孵化器、联合办公空间从2014年就火热起来，去年8月份的时候我忽然意识到，这类创新类的空间设计装修的需求与普通的工装需求是不一样的，而目前市场上并没有一家专门做这类项目的公司，而我先生在这方面很有经验，与其在传统装修行业失去激情，为什么不来做这个非常有生命力的市场呢？

一条朋友圈信息，几十个项目找过来

然后我们花时间约了些朋友聊这个想法，同时找朋友们在朋友圈发些图片和文字，本来以为这是非常低频和狭窄的领域，没想到几条朋友圈一下子来了几十个项目需求，所以就很确定这个方向，9月份时就有了"创造设"这个品牌。

事业线：这9个月的时间都做了哪些项目？

杨索娜：很多，比如腾讯众创空间、梦想加、网信集团、太一科技、初页等，上海创新工场、天使汇都是我们的早期作品，刚刚过去的5月份我们又签下了氪空间，目前签订合同额度超过1个亿，回款2000多万。

凭实力成为大牌甲方的合作首选

事业线：这些项目实力都很强，拿到合约主要是因为朋友介绍还是其他？

杨索娜：甲方最看重的还是你的综合能力。例如我们参与腾讯众创空间北京一期的时候，当时装修已经快完工了，但是甲方对效果不太满意，于是拿出一楼东侧前厅的茶水间希望我们出个设计稿，我们收了很少的费用，他们看了设计稿后对创造设的设计实力、性价比非常信服，腾讯众创空间是有自己的供应商的，但是几次交流后还是凭对甲方需求的高度实现、设计能力，他们把1期2期中的2万多平米都交给了创造设。

还有一个太一科技的项目，他们是做糖尿病的掌上医疗，团队是从美国硅谷归国创业，他们对材料的环保、设计风格要求很高，同时预算也很高，在我们给出方案后，他们推掉了4家方案商，选择了创造设。当然我们前后也很负责地给客户提供了5套可选方案。

事业线：创业过程中遇到最困难的事情是什么？

杨索娜：说到困难。资金、运营、产品、招聘、宣传哪个环节都实属不易。在做冰激凌项目时，最难的是产品研发。每一款口味的冰激凌，都是经过上百次的试验，调整味道和口感，才能达到我们满意的标准。

而现在我参与我先生的"创造设"，是属于工装市场中创新空间细分市场，这个市场起来的速度非常快，对空间的设计要求、功能性要求要比普通办公空间高，而大多空间的负责人并不懂这一块，公司内部也没有专门的部门，因此如何帮助他们梳理和表达出他们的需求很重要。

第二，多数创新办公空间都希望有新潮的设计风格，同时空间功能的可定制、可扩展、有创新要求也是完全区别于普通工装的显性需求。

互联网浪尖上的女性

与先生联手创业

事业线：大家给你起过外号吗？

杨索娜：有啊，当初 15 平方米的商场小店，一个月卖冰棍卖了 50 万元，我被身边朋友喊成了"冰棍女王"。后来大家都叫我"卖冰棍的"，上个月我去参加北京卫视的线下活动，在台上分享了创造设这个项目，下台后薛蛮子老师逗我说"索娜，你不卖冰棍改装修了啊！"

事业线：创业中最大的感受是什么？

杨索娜：首先是感恩。创业是人生资源的爆发，在创业过程中，之前沉淀的各种资源和人脉，都得到很大程度上的释放。让我很难忘的是得到了很多人的帮助，因此我很感恩。

另外 有些人觉得女性没有男性强势，创业只能小打小闹。我不这么认为，我觉得要把企业做大，单靠个人是远远不够的，需要团队的力量，需要多方面的支持。这时女性的柔和、沟通力和韧性，会帮助团队走得更长远。

事业线：创业对家庭关系有什么影响吗？

杨索娜：2015 年我孕育着两个生命，一个是我的冰激凌事业，一个是我肚子里面的宝宝。一个准妈妈创业，被很多人看作是很辛苦的事情。但是我的创业得到我先生的大力支持。工作中他帮了我很多忙，生活中我先生也陪同和保护我们娘俩，车接车送。

而第二个项目是我先生创业，我来做合伙人、做帮手，我们互相支持。

我的宝宝超级懂事，感觉他对妈妈的事业百分百支持。正常孕妇孕期有的呕吐和其他不适反应，我全都没有。现在他已经半岁多了，天生的好性格，比如其他同龄婴幼儿的哭闹，他几乎是没有的，因此我才可以在照顾他之外拿出一半的精力用来工作，很感恩我有这样一个宝贝。

同时我也想当儿子的好榜样，让他知道妈妈是一个拼搏、奋斗、有价值的女性。

事业线：说到女性创业，经过"事业线"观察发现，单身和孩子四五岁以后家庭稳定状态的女性几乎各占了一半，恋爱状态中的女性和新妈妈几乎没有，就更别提孕妇了。很多女性在工作的道路上会觉得生宝宝是一次重要挑战，觉得孕妇创业根本不可能，对此你有什么可分享的？

杨索娜：这个我还是觉得因人而异，不能盲目。一是我的身体素质比较好，孕期反应少，同时宝宝性格乖，如果说真的有什么可分享的，一是时间规划能力，我觉得很重要。有了好的时间规划能力，在怀孕期间做了那么多工作并没有觉得在苦兮兮地赶时间；另外想分享的是情绪管理能力，无论创业与否，很多女性在怀孕或处理家庭事务时会经常烦躁、焦虑，我在情绪处理方面会比较好，这样即使生活忙碌也只会觉得充实和快乐。

强大的时间规划能力＋情绪管理能力，
创不创业，
生活都在自己掌控当中。

从被 80 家商户当成骗子
到签约 80 万商户

孙 慧

随行付联合创始人兼 CMO

北京／天蝎座

孙慧，曾有 12 年金融支付行业工作经验。现为"随行付"支付有限公司创始人。

推荐人评语

孙慧不是一个会走捷径的人。从事支付业务十多年，永远站在第三方立场看待工作，保持自己的理性。她以精准的定位和大胆的创新见长，兼有坚定不移的信念。这些品质对金融行业至关重要。

——吴栋科（唯品金融副总裁）

项目简介

随行付支付有限公司是领先的第三方支付公司，目前业务专注于线下收单行业，在全国拥有 28 家分公司，是中国支付清算协会理事单位。根据银联官方数据显示，截至 2015 年，随行付交易量全国排名第六，介入服务超过 80 万商户，月交易额突破 600 亿。

2015 年，全国共发生银行卡交易 852.29 亿笔，同比增长 43.07%，增速加快 17.91 个百分点；交易金额 669.82 万亿元，同比增长 48.88%。

在日常生活中，我们出门越来越不爱带现金，刷卡消费成为都市人的一种常态。

如果你在周末和朋友去过仙踪林、真功夫、一坐一忘、东来顺、蝎子王、望湘园、嘉和一品、洲际酒店等这些品牌的直营店，消费完的小票上应该打印着"随行付"三个字。

孙慧，就是随行付的联合创始人。

被 80 多家商户当骗子赶出门，创始人集体给饭店当服务员

事业线：人们常说万事开头难，在刚开始创业的时候有什么印象深刻的事吗？

孙慧：随行付是当时第一家市场化的收单公司，我们从深圳开始做，当时去著名的香蜜湖商圈推销 POS 机，整个香蜜湖商圈大约有 80 多家商户，我们花了两天的时间挨家扫地式地谈了一遍，没有一家相信我们，每次都是被赶出门。由于以前都是银联或银联的服务公司负责安装，商户认为只要不是银联来安装肯定就是骗子。最后我们走进一家叫老刘野生鱼坊的饭店，大家又疲惫又饥饿决定在那吃饭，那顿饭花了几百块，用餐后商家态度好很多，于是我们告诉商家免费为他安装，这是我们成功装出去的第一台产品。

装完机器正赶上晚餐高峰，POS 机上有会员录入功能，商家不太会用，于是我们创始团队三个人集体去给饭店当服务员，我们在香蜜湖商圈泡了 3 个月，把整个商圈泡透全部拿下，练就了单手端 8 杯水、快速开啤酒瓶、在门口吆喝徕客的全套技能，说多了都是泪啊……

（注：收单是指签约银行向商户提供的本外币资金结算服务，即最终持卡人在银行签约商户那里刷卡消费，银行结算。）

每天准时接商户的 Morning Call

孙慧：还有个商家，我记得很清楚，是颐和园西门的一个寿司店，收银员是个 50 岁的大姐。从我给她安装完 POS 机后，她把使用方法特别详细地写在纸上贴在收银机旁边，可是她每天早上 9 点依旧准时给我打电话问我怎么使用，我要一句一句地慢慢说，她在机器上操作，就这样持续了近 20 天，但是彼此的信任感也建立了起来，后来团购大潮起来各家团购公司纷纷找这家店合作她都不接受，她认为除了随行付都是骗人的。

事业线：每天早上的 Morning Call 感动了商户。

孙慧：是啊。

"撸串"没带钱引发创业

事业线：是怎么决定开始这次创业的？

孙慧：在开始随行付之前，我们这个合伙人团队做的是中国移动手机支付的全业务，做得非常好。直到现在，中国移动手机支付的支撑团队和技术团队都是当时我们带出来的。有一天我们去"撸串"，几个人都没带现金，身揣一堆的银行卡，却发现小卖部、串儿店甚至旁边的理发店都不能刷卡。中国移动十几亿用户的服务我们都能搞定，为什么不能帮小微商户做一个他们需要的平台呢？

于是我们说干就干了。

另外，我从事支付行业 12 年，希望在支付行业做出一些有意义的事情。中国的线下支付行业，正逢计划经济向市场经济的转型期，随着双创环境的到来，无数的小微、实体经济需要更加便捷、人性化的市场服务。传统的金融市场被银行等大机构主导，他们关注的是大经济体的服务，在受理时间、个性化、灵活性上已经远远无法满足小微商户的需求。随行付在这个时间出现恰逢其时。

与所有其他支付公司不同，随行付从诞生之日起就设定了普惠金融，服务实体经济，扎根一线的经营思路。我们设立了 28 个分公司，是设立分公司最多的第三方支付机构。

事业线：5 年的时间，取得了什么样的成绩？

孙慧：随行付成立于 2011 年，截至 2015 年，接入超过 80 万商户，月交易额突破 600 亿。交易量全国排名第六。

事业线：前 5 名都是哪些家机构？

孙慧：银商，通联，拉卡拉，乐富，瑞银信。

事业线：我感受到"国家队"强大的实力，相信你们的纯市场排位实际应该更靠前对吗？

孙慧：是的。

忙成"无敌闪电狗"

孙慧：可能"创业狗"不足以形容那种超级忙碌的酸爽，"无敌闪电创业狗"还差不多！我们在 2013 年时有 35 家分公司，后来受政策和市场情况影响缩减到 20 家分公司，2015 年冬天恢复到 28 家。小微商户的支付地域差异化很大，竞争对手、监管环境、市场环境、媒体环境等每个城市有每个城市的独特情况，所以 28 个省的分公司开展市场工作时具体落地方案都要变化。当总公司定下一个市场政策要全国贯穿时，我的团队需要做出 28 个方案，有时候在一天内，28 家分公司的负责人会同时打电话给我，每一个电话都要接，还可能重复几次沟通，两个手机的电量都不够，必须随时有充电宝供应上。一天下来，最不想做的事情就是上下嘴唇的分离活动——说话。

事业线：开始的时候那么艰难，什么是你们持续的动力？

孙慧：被市场需要吧！支付是金融最基础的环节。也是小微企业最需要的金融服务。动力来自于小微商家对我们的需要。

比如说，我们提供的 pos 机，最快可以在 1 天内下机，而传统银行需要 1—2 个月的下机周期。

我们提供资金周转"即日付"和"假日付"服务；商户急需资金周转时，可以迅速拿到资金，不受结算日、节假日的影响。

随行付是第一家提供基于 pos 机的会员营销功能。通过 pos 机，可以自动识别会员、发券验券、做会员管理。

随行付也是第一家基于 pos 流水提供小额贷款的支付公司。最快 3 个工作日，无需任何抵押，可以获得最多 50 万的小额贷款。

金融是商业的基础，可以说，我们提供的服务已经为至少 80 万商户带来了安全和便捷的金融体验。

事业线：一般 TO C 的产品或服务用户比较爱互动，你们的服务是 TO B 的，感觉商户应该没什么业务之外的互动吧？

孙慧：恰恰相反，有一个商户每年给我们邮寄贺卡，感谢我们的努力。但是他不知道写给谁，就写"随先生"，很暖心。

还有些用户会拿着 pos 机自拍发给我们看。

事业线：感觉支付行业偏传统，员工的年龄和互联网公司比是不是偏大？

孙慧：不会。我们的 90 后员工占到了 50% 以上。公司有跑步机、动感单车、台球室、读书区、母婴间、淋浴室、瑜伽室等设置。都是给年轻人流汗流泪的好地方。

痛并快乐：这就是创业让人上瘾的部分

事业线：创业过程中遇到最困难的事情是什么？

孙慧：如何在还处于计划经济状态的金融支付环境中为商户提供市场化的

金融服务，虽然有点绕口，但是作为从业者这确确实实是我们的体验，但创业最有魅力的部分不就在于此吗？一个不完美的领域，通过你和团队的努力，变得越来越好。我们从刚开始 80 多家商户的不接受到现在短短几年时间接入了 80 万家商户，未来我们还希望能服务 800 万商户甚至更多，痛并快乐着，这就是创业让人上瘾的部分吧。

事业线：未来随行付的长远目标是什么？

孙慧：小微企业移动金融专家服务。

随着政府普惠金融的推进和重视，支付和金融市场一定会是未来的支柱产业之一。

事业线：工作有侵占你的生活空间吗？

孙慧：创业或许比一般的白领更忙碌些。但工作之余我有时会去徒步、去旅行。

我的孩子非常可爱，回家会给我拿鞋子，给我讲故事，和我一起唱歌跳舞。现在快 3 岁了会跟着我出差，是一个标准的暖男小帅哥！我希望我的努力带给他更多积极的童年影响。

为什么明星都找她买饰品

魏汝芬
Angel
蝴蝶天使创始人
北京／处女座

魏汝芬，蝴蝶天使创始人。蝴蝶天使为国际配饰尊享服务平台，聚集了以欧洲为主的颇具历史、被好莱坞明星、政界推崇的时尚配饰与艺术首饰品牌，打造国际时尚女性的云配饰博物馆。

推荐人评语

Angel Wei（魏汝芬）是我接触过最有激情并且具备坚韧特质的创业者。蝴蝶天使这个项目从愿景的树立"让女性像蝴蝶绽放自己"，到致力于打造成为"配饰的云博物馆"的创新经营理念，注定造就一番不凡的事业。

——汪东风（隆领资本合伙人）

互联网浪尖上的女性

2015 年春晚，央视当家花旦主持人董卿佩戴的耳饰，是向蝴蝶天使的创始人 Angel 魏汝芬购买的"Philippe Ferrandis"品牌的山茶花系列，该品牌也是欧洲王室、名媛的首选配饰品牌，被称为"活着的遗产"。

美得让人走不动，一下买了二十多套

Angle 魏汝芬从小就很爱美，喜欢各种首饰、配饰，在创办蝴蝶天使之前她一直和先生生活在海外，做海外房地产业务，经济条件优渥，事业顺利，家庭美满，本来她的生活只需要岁月静好下去就可以了。

2009 年冬天，她在 Le Bon Marché 商场（法国高端商场）发现一个超大的

配饰区，那也是 Angle 第一次到 Le Bon Marché 购物，各种一线设计师的饰品陈列在那里发出夺目光彩。

美这件事本身，就有摄人心魄的能量。

Angle 并不是一个需要通过物质来炫耀的购物狂，但这些充满了设计感的饰品就像有魔法，让她迈不动脚步，一下子买了二十多套设计师品牌的配饰，那种欣喜和满足女人们都懂。看着这些饰品她突然想到好像中国并没有，于是找到商场工作人员，询问饰品区 TOP 5 的品牌分别是什么，Angle 想要把这些品牌带到中国去。

于是她记住了这五大饰品品牌：Philippe Ferrandis、Reminiscence、Jean Marie Mentz、Gas Bijoux、Michael Michaud。

无数次泪洒巴黎街头，中国女人不懂得美？

想把这些品牌带到中国就要和品牌方谈代理权，魏汝芬费了很多力气第一次约到菲利浦费南迪斯（Philippe Ferrandis）的老总时，等了一个小时，结果连门都没进去——对方拒绝见面，后来和这 5 个品牌的负责人一一谈过也都被拒绝了。

菲利浦的老总说，宝格丽、爱马仕和 LV 的门口都是中国人，中国人虽然富起来了但是还停留在证明自己身份的阶段，买一件饰品最看重的是材质的保值属性，是金的银的还是钻石的？而在欧洲，设计理念和技艺是非常昂贵的并且设计师和匠人受到人们的尊敬，这些配饰是设计给真正懂时尚和艺术的人戴的，在亚洲国家恐怕没有市场，并且中国抄袭成风，设计版权保护很难，品牌放到中国就是死。

开展磨刀功：3 年时间终于拿到第一个代理

这些话刺痛了魏汝芬，虽然品牌商们的分析不无道理，可是她不甘心放弃，她坚信中国女人是懂得美的，中国是全球成长最快、消费能力最强的市场，一个好的市场也不一定从一开始就是完美的。

从 2011 年—2014 年魏汝芬一直在巴黎，经常约他们聊天，终于到 2014 年春天，菲利浦给了一个"她"系列的代理，然后 Angle 就带了一旅行箱的此系列饰品回国，一行李箱价值 20 万的饰品，被几个女孩一抢而光。

这件事情令品牌方很震惊，没有想到销售会这么快，于是又给了 Angle 一个系列的代理权，同时另两个品牌也给了 Angle 中国的代理权。

整整 3 年的时间，2014 年 10 月 1 日国庆节，终于这五个品牌的中国总代理权 Angle 都拿到了。

由于有正式授权，品牌资源价值高，从洽谈到入驻只花 18 天就成功入驻北京新光天地，蝴蝶天使打破了新光天地商场入驻最快的时间纪录。

明星都找她买饰品

"Michael Michaud"的设计师从全世界采集不同类型的植物物种，将精湛的记忆和丰富艺术情感注入每一片叶子，赋予配饰不朽的灵魂，他们能够复刻自然，英国伊丽莎白女王也是它的粉丝。

央视当家花旦主持董卿，春晚佩戴的耳环来自蝴蝶天使国际配饰尊享服务平台上"Philippe Ferrandis"品牌经典的山茶花系列，该品牌也是欧洲王室、名媛臻爱的首选配饰品牌，获得法国经济、财政和产业部颁发的 EPV 大奖，被称为"活着的遗产"。

她要做女性高端饰品的云服务

早在2012年在外交公寓集中地，Angel设立了一处装修考究的沙龙，作为展示、交流和培养饰品爱好者的基地。里面有琳琅满目的大牌饰品和她自己的个人收藏，

聚集了来自各方爱美的朋友，也吸引了陌生的慕名者和媒体探访，很多媒体和朋友会来借用。

新光天地的消费者消费能力很强，有的顾客一次买10件，这样的顾客非常多，同时也有很多媒体和明星来借首饰。

商场销售的增长速度是看得见的，怎样能把这些美丽的饰品带给更多的中国女性呢？

虽然这两年礼服租赁、奢侈品箱包租赁很火，但这些大牌饰品以均价5000元以上的居多，有很多款式可能整个国内只有蝴蝶天使有一件，很多珍惜罕有的款式只会出现在时尚杂志的图片里，更别提有些私人订制款要提前至少半年预订才有，像个神秘的传说。

这些大牌饰品虽然不是钻石类的保值材质，但本身价值很高，在中国女性的消费习惯中，让自己变得"优雅""有魅力"的事物，不可以是租的。

意识到女性种种关于名牌饰品的纠结之处，魏汝芬决定那就做成会员制，为喜欢饰品的人搭建一个线上服务分享平台，给得不到心爱款式或无经济能力拥有高档饰品的爱美者提供接近"心头好"的机会。于是 Angel 给这个平台起名"蝴蝶天使"，寓意着体验这个平台服务的人会幻化出动感的精彩，像天使一样受到呵护和欢迎。

会员可以上门到沙龙接受形象师和化妆师的打扮指导，也可以动动手指订购或申请免费佩戴喜欢的饰品，甚至可以不戴也不买，只是借用与"蝴蝶天使"合作的修图软件，模拟一下自己的佩戴效果。

我做过的梦，都必须成真

这句话听起来十分霸气，当你了解魏汝芬以后，你会明白这句话里最多的成分是：坚定。

每个女人都爱美，这又有什么特别的？

人最大的自我驱动力可能来自于童年的影响。

Angle 魏汝芬：12 岁那年，由于自己的不小心，开水烫伤了我的胳膊，留下了大片无法治愈的伤疤。那时候的我感觉自己所有白雪公主的梦都破碎了，无法面对自己，觉得这辈子完了，以后也不会有男生会喜欢我了，学校也不想去了。感觉自己突然成了废物一样，后来 14 岁时开始读李嘉诚的书，读了他所有的商业书，印象最深的一句话："人在得意的时候不要忘形，失意的时候不要灰心。"

一个女人一定只能有表面上的美吗？

No！No！No！

我要做我自己。

那只怪异的蝴蝶 LOGO

事业线：你们的 LOGO 是只翅膀不对称的蝴蝶，有什么特别含义吗？

Angle 魏汝芬：上帝关上一道门，却又为我打开一扇窗。

后来很幸运地遇到我先生，他是我第一个男人，也是我现在的丈夫。

有一段时间我处在非常严重的抑郁症中，我拒绝他，拒绝和任何人接触，把自己关在一个人的世界里痛苦，可是他说"你在天上我把你拽下来，你在地下我要把你挖出来，我一定要娶到你！我觉得你精致，你非常美，你和别人不一样！"

就这样先生地坚持给我的内心带来一丝温度，他把我接过去，花了半年时间悉心照顾把我挽救回来。

所以你们看蝴蝶天使的 LOGO 是一个怪异的蝴蝶，一只翅膀不完美的蝴蝶，我想说最深刻的美丽不只来自于外形，而是来自于精神。

事业线：你觉得创业过程中最困难的事情是什么？

Angle 魏汝芬：对我来说创业最困难的事情就是搭建有想法又有执行力的团队。

事业线：未来打算做成一个什么样的公司？

Angle 魏汝芬：打造女性共享经济的一个国际配饰垂直服务平台。形成一个时尚女性共享经济的产业圈。

事业线：你对这个市场的看法是什么？

Angle 魏汝芬：女性共享经济的时代在中国已经形成大趋势，随着中国女性对时尚品质、生活方式的改变，中国将迎来女性时尚共享经济的热潮。蝴蝶天使提供的是以欧洲为主的具有历史文化的时尚品牌配饰，让每位女性拥有自己的云配饰管家，实现众多国际配饰品牌 365 天任意更换，不限时、不限次！打造 VIP 的私人搭配配饰管家。

蝴蝶天使目前在中国也是唯一一个专注国际品牌配饰服务的平台。

为了让海归们重回巅峰，她费尽心机

为了让海归们重回巅峰
她费尽心机

冯 娇
Vera

Talentslink 公司创始人

北京 / 射手座

冯娇，明尼苏达大学硕士毕业。现为针对海外留学归来人群做线上职前培训的服务平台——Talentslink 的创始人。

推荐人评语

Vera（冯娇）有远超同龄人的成熟，对市场敏锐的洞察力，以及对创业的执着。

——Marc Andreessen（硅谷风投公司 Andreessen Horowitz 合伙人，Ning 联合创始人）

未来几年中国将成为世界上最大的人才回流国，中国市场对人才的要求越来越趋于全球化的眼光＋接地气的能力，今天我们采访的创业女BOSS冯娇，她创立的项目Talentslink要帮助数百万海归学子重回择业中的优势地位。

她，能做到吗？

3 再也不是奇货可居，"海归"们不行了吗？

十几年前，各大公司想找一名国外学成回来的"海归"，还是比较费劲的，而他们的工作和待遇也都令普通人群仰望，即使是国内很好的高校出来的学生与他们依然有差距。但是近几年，不知不觉的，公司人事部门收到的简历中，带着"海归"标签的人越来越多，再也不是奇货可居。和国内大学毕业的学生在一起竞争职位时，也并没有明显的优势。同样，在国外，出国留学的学子们也遇到这样的问题。即使很好的学位，也未必能找到合适的工作。资本市场的风云变化，新兴行业的迭代更替，人才需求日新月异，对这群"海龟"产生了很大的影响。

对于这个问题，冯娇这样看：这群海外学子中，有一部分人自己有很好的职业判断力，无论回国还是在国外工作，他们都可以很适应并且找到适合的工作。但有一部分人虽然会学习、有能力，但是对社会缺乏了解，对自己的学业和行业缺乏适应性，在职业规划这条路上并不清晰，于是造成很大的择业困难。

由此，在美国学习人力资源的她，想用自己的能力和许多成功HR的职业规划经验，帮助那些处于混沌和盲目中的学子，找到适合他们的学习方法和职业道路。

冯娇创办了Talentalink，作为创始人和CEO，本着服务"海归"的精神，

在光华路 SOHO 的"众创空间"开启了自己事业的一片天地。

Talentalink 建立于 2016 年 1 月 29 日，以技术服务、技术开发、教育咨询、企业管理咨询等作为经营范围。主营针对留学生回国进行的职业咨询、职业测评、职业规划、职业技能培训服务。

事业线：所以这件事是从帮助朋友开始的？

Vera 冯娇：首先，我本身很喜欢"HR"的工作，所以才会去留学。在学生时代的志向就是做人力资源相关的工作。但真正从事这项工作，还是有机缘巧合的。2013 年回国工作，帮一个朋友拿到了全球第一的 HR 项目康奈尔大学 HR 项目的录取，这让我看到了创业的可能。于是我就开始针对性地做这个工作。不但帮国内的人申请海外 HR 项目，还辅助海外学生回国求职，以及帮助一些国内的海归找到自己真正可以发展的职业方向。有了这样的经历，再加上自己的爱好，创业就在这个过程中形成了。算起来，帮朋友拿到康奈尔的录取，应该算是第一单吧。

爱挑战的射手座女子

长发及腰,穿着一件斜襟盘扣很中国风的连衣裙,裙长至膝,一双平底的中国红镂空皮鞋。整体搭配很得体,既端庄又活泼,带着传统的那种优雅,又露出西式的小小奔放。

她说她"很不安分",喜欢挑战,喜欢和人打交道,热爱自由,追求独立。她是同事嘴里的"心机女",公司事业的谋划人。

成为全美排名第一的 HR 专业第一个应届毕业生

Vera 冯娇 2011 年毕业于上海华东师范大学。对于一名刚入学的 18 岁少女,Vera 是很有"心机"的。当别的同学还处在刚入学的欣喜中,而她已经开始"深谋远虑"。她看中了自己理想的美国大学,想去读硕士。从互联网查到学校,找到想去的专业,拿到提交资料的负责人的 EMAIL,主动地和他联络,一次次的询问,终于拿到了入学资料的准备说明。由于这个专业从来没有过应届毕业生入学,所有周围的人都认为 Vera 的选择很可能失败,但是,她用了三年的时间,不断和负责人沟通,不断的提问,从他的言语中获取有效的信息,丰满自己的入学资料。她成功了!在 2011 年 9 月,冯娇成为大陆第一位应届生被录取前往明尼苏达大学(University of Minnesota——Twin Citi)学习全美排名第一的 HR 专业。

2013 年回国在面试求职阶段,她抓住了机遇,辅助一个重要公司的亚太区人力资源经理(HRM)申请到全球第一 HR 项目。这个项目,让她接触到大量"海归"人士,灵敏地嗅到了市场。她立刻把自己的"心机"撒向了"海归"这个群体，做广泛地需求征集、了解海归成功者的求职经历、做深度的调研积累实例，通过这个逻辑紧密、数据可靠的过程，于 2016 年 1 月开始做针对海归的国内培训和职业指导服务。

事业线： 看到你说在 University of Minnesota——Twin Citi，你是中国唯一一个以学生身份进去的，你怎样做到的？

Vera 冯娇： 其实这个事情，我就是以结果为导向来做的。又是一次"心机女"的实践，我蛮其实喜欢这个词。

我大二的时候，因为一直很喜欢 HR 科目，得知这个大学的 HR 科目是世界最好的，就开始着手做准备。我直接找到了这座大学负责这个专业招生的秘书，跟他建立了良好的关系。通过他了解到，如果想去这个大学上学，我需要准备哪些资料，接下来在三年的过程当中，我不断跟他交流并且不断地去学习那些资料里要求必须准备的材料。在我大四的时候，进行了申请，并且很快就通过了。

至于是唯一一个大学生，这是因为这所学校在这个专业招收的人一般需要在大企业 HR 这个职位有五年以上工作经验，基本不招应届毕业生。

在这件事上，我得到特别珍贵的成长。

很多人在"基本不招"这 4 个字面前就转头走了，可是"基本不招"并不是"绝对不招"。

我发现，只要有目标，我就有办法。

未来五年，中国将成为世界上最大的人才回流国

事业线： 你们取得的成绩如何，怎么看待这个项目的未来？

Vera 冯娇：我们目前在国内线上线下举办过 20 次针对性的活动，涉及超过 2000 名海归。今年一对一购买我们服务的有 17 人。因为我们的服务客单价比较高，平均 4 万左右，所以收入流水是稳健的。

目前中国海归学生截至 2016 年有 300 多万。未来五年，中国将成为世界上最大的人才回流国。市场规模成倍的增长，只要能控制好成本，质量上严格把关，将每个学员的服务都做到最好，那么，这个项目一定有着很好的未来。

事业线：团队现在怎么样？

Vera 冯娇：现在公司正式的合伙人有四人，还有兼职人员十多名和几十名优质的 HR 辅导老师。我们团队非常小但很"精"。在人数上有点少，但这也是我的创业观点。因为我本身就是做人力资源的，我认为，一个多余的人都不应该存在，要发挥每个人的最大能量而不是来一堆人拖拖拉拉。即使未来有很好的投资，我也希望我们的团队要谨慎地长大，而不是急速扩张。

事业线：合伙人是怎么加入的？

Vera 冯娇：在这件事上我特别有成就感。有两名合伙人是我曾经的学员，在经过我们的培训和指导后，对自己的事业有了清晰的方向，也更加了解自己适合做些什么。于是就一直缠着我，非要入伙。因为他们对我们的培训和指导非常熟悉，也更有体会，所以，他们在做销售的时候十分得心应手。目前一位负责美国市场，一位负责英国市场。大家都特别团结互信，我对我们的团队十分满意。

事业线：做的项目在国外/国内有同类做得很棒的吗？你们之间的差异点在哪里？

Vera 冯娇：同业的话现在有面包求职，Uni Career 等，面包求职做国内学生求职服务，Uni Career 做北美学生留在北美的服务，我们做海外学生回国或者留在当地留学国家的服务。属于前两者的综合。相比而言，他们属于我们公司项目中的一个部分，我们的业务更多元化一些。

喜欢谋划的"心机 girl"

事业线："心机女"是小伙伴们给你起的外号吗？很多人觉得是贬义你不介意吗？

Vera 冯娇：她们一直鼓励我开个"心机女"课，哈哈。我认为这是一种对我的高度认可和表扬。这个词，很多人都认为是负面的。可我不这么看，我把它定义为正能量。因为我确实是一个充满了"心机"的人。这种状态的表现就是，从小到大，每件事都自己谋划，绞尽脑汁，用了很多办法，比如我的升学，比如我的创业。我觉得这算是"心机重重"的表现吧。

我喜欢谋划，无论是工作还是自己的生活，总是先想好要做的结果，再去针对性的做一些策略，不达目的誓不罢休。所以没有心机肯定是不可能的。如果说我是"心机女"，那我觉得我小时候就是了。

事业线：你们在融资上是怎么考虑的？

Vera 冯娇：前期我们并没考虑融资。因为项目一直有很稳定的收益，合伙人的收入都还比较好，比在公司工作要更好。最近考虑要扩大业务，所以打算要融一些资金了，大致 300 万吧。

事业线：你觉得自己所做的事情在哪些方面影响了哪些人？

Vera 冯娇：目前我觉得我影响了我周围的人和我的客户。客户都是海归，他们缺乏社会经验和职业经验，经过我们的辅导，他们大多能从容地找到适合的工作。而周围的人，他们会发现作为一个女孩子的我，通过自己的谋划和思考，在生活和事业上安排地不错，这会给他们很多的正能量。尤其是一些女性朋友，他们会因为我目前的成绩而对女性创业有一定的信心。而事实证明，女性创业者中佼佼者众多。

事业线：家人怎么看待你创业？

Vera 冯娇：父母曾经希望我是个普通安稳的女孩，可无奈的是我从小就很有主意和个性。他们看着我处理自己的学业、情感和事业，一步步肯定我的做法，逐渐对我就很信任了。所以创业这件事，他们就说：你喜欢就好。因为他们知道，如果我自己不喜欢，谁逼我也没用。当然，他们非常非常爱我。

事业线：创业过程中遇到最困难的事情是什么？遇到过哪些挫折？

Vera 冯娇：创业最难的应该是最早开发产品的时候，当时也不知道自己有没有能力去开发和销售产品，就硬着头皮做了。带着担心的状态一直到第一个客户购买，那心情简直是欣喜若狂。最初的那种无助和对未来的恐慌，确实让我有些心力交瘁，不过好在熬过去了。

遇到的挫折有很多，坑多的自己都记不住了。比如不靠谱的合作方，比如说自己的情绪管理能力等，不过，现在越来越理智和清醒了。

事业线：创业中最大的感受是什么？

Vera 冯娇：熬！就是天天熬着不放弃，早早晚晚熬成婆。

事业线：如果现在让你有机会去采访一个人，你想采访谁，会问他什么问题?

Vera 冯娇：我想采访美国史上最受欢迎的总统夫人杰奎琳·肯尼迪（Jacquiline Kennedy），想问她认为她这一生对自己受益匪浅的习惯是什么。

事业线：还有哪些感想分享给读者们？

Vera 冯娇：我成长中的每个目标都是自己设定的，所以执行起来我也会绞尽脑汁，不达目的誓不罢休。比如说申请美国学校的时候，我是大陆唯一一个本科生被录取的。当时为了这个申请，跨学院到处蹭课，各种实习做起来，各种学姐大腿抱起来，反正就是为了申请上一定要用尽全力。我发现这种自我设定目标然后自我实现的路径，基本贯穿了我 20 多年的生命。目前开拓市场也是这个思路。我看准了哪家和我们可能有合作机会，就会想尽办法让对方和我们合作。所以，我想告诉大家，一定要有坚持的心，要有不怕失败的决心，努力向前。创业是一件艰苦的事，但也同时因为艰苦，成功才变得得之不易，才会格外珍稀。现在国内的环境给创业者很多的机会，让我们这些年轻人可以自己做老板，这在我父母那个时代是不可想象的。既然我们有这样好的机会，那么，我们一定要把握好。制定方向，不断朝它走去，一定可以成功！

清洗奶瓶这件小事
她 32 小时内筹到 100 万

金雪明

哈密瓜科技联合创始人兼 CMO

北京／射手座

金雪明，北京哈密瓜科技有限公司创始人，主要产品为 55°+ 哈密瓜多功能奶瓶清洗机。

融资状态

千万级天使轮，雅瑞资本、京东金融、鼎翔资本合投。

推荐人评语

作为哈密瓜科技的天使投资人，我们不仅欣赏哈密瓜管理团队，大视野、有张力、黏度高、技术强；更是喜欢 CMO 金雪明。她是一位性格开朗、为人诚恳、乐观积极、组织和适应能力强、管理策划与组织管理协调能力非常了得的女性，她把全部的热情和精力都投入到了工作中，勤奋、好学、踏实、温暖，在团队中是小太阳更是黏合剂、消燥机。

——张瑞君（雅瑞资本联合创始人）

项目介绍

北京哈密瓜科技有限公司,是一家互联网母婴智能硬件创新型科技公司,团队主要来自于华为、乐视公司,致力于打造高端母婴产品,为新生代父母提供轻松有趣的育儿装备。

55°+哈密瓜多功能奶瓶清洗机是哈密瓜科技的第一款产品,具有三大功能:自动清洗、蒸汽消毒、保温。

在这个充斥着铁血男儿的创业沙场上,巾帼不让须眉的女性创业人在一个团队中总是起着不可替代的作用,优秀女性企业家们细致、缜密、温暖、柔和。她们具有智慧和魅力的融合,让创业更加精彩。

这是金雪明的第一次创业。

在松下、现代、易车网、乐视等公司市场部的职场经历，在她身上并不能明显感觉到。

她的亲和力很强，有点像37度的温水，淡淡的存在，让人觉得很舒适。

在采访的时候，她讲到产品时也是轻轻地说："我们做的是一个清洗奶瓶的硬件产品，让妈妈们轻松一点。"

没有以往我的采访对象那种千回百转、曲折离奇或者酣畅淋漓的经历和表达。

就这样淡淡的金雪明，却在两周后突然和我说："Tina，我们众筹破百万了。"

我连忙登录京东众筹，果然仅仅32小时众筹金额超过100万人民币，创造了京东母婴类智能硬件最短众筹时间破百万的纪录。

发表这篇采访前我又看了一下数据：众筹金额超过122万，参与人数16267人，距离众筹结束还有46天。

这款奶瓶清洗机是金雪明所在的哈密瓜科技的第一款产品。

以下为采访对话部分：

养一个孩子：至少要洗 1000 多次奶瓶

事业线：为什么会做清洗奶瓶类的产品？

金雪明：作为妈妈，我亲自带过孩子，深刻体会到育儿过程中父母的痛苦和烦恼。我母亲去世比较早，因此在我生了宝宝之后，没有人帮忙照顾宝宝，自己做了两年的全职妈妈，刚做妈妈的时候，经常是手忙脚乱，后来发现大多数新手妈妈都有这样的困惑，于是我想我能做点什么，帮助一下这些还在路上的爸爸妈妈们，后来我自己做了一个育儿公众号，把自己在育儿过程中遇到的问题和摸索出来的好经验分享给需要的父母们。同年10月中下旬，我在朋友圈发现，我现在的合伙人正准备做母婴智能硬件，我认为如果能够软硬结合，才能真正意义上解决爸爸妈妈们的育儿烦恼，让他们实现轻松便捷的育儿方式，于是我加入了哈密瓜的大家庭。

我们几个创始人凑在一起讨论从哪个方向切入的时候，一致觉得洗奶瓶是带孩子过程中最难受的。从宝宝出生开始清洗奶瓶就是最棘手的问题，差不多每天需要深度清洁一次，孩子正常吃奶粉要到3岁半，算下来一共要清洗一千多次，这里最重要的两个问题是：消毒和保温。按要求清洗的毛刷是需要两个月更换一次新的，绝大部分人坚持不下来，所以基本没有家长能做到，很多家长甚至两三周才清洗一次，结果就是宝宝容易感冒或者腹泻，尤其是恼人的秋季腹泻，有时持续一两个月，家长几乎崩溃；另外清洗过程中还总是担心化学洗洁剂残留。后来在我们对超过200位的年轻父母调研的时候，绝大部分人也反馈洗奶瓶是最烦的，如果能有一种自动洗奶瓶的智能设备就太好了。而当时我们的团队正好之前在清洗技术这块有一定的技术积累，因此我们决定发挥我们的强项，做一款自动清洗奶瓶和餐具的装备出来。

另外在养育孩子过程中，晚上起来冲夜奶是很痛苦的事情，一般至少需要300秒左右，宝宝饿得大哭，而你却需要300秒才能完成。还有宝宝有时候吃奶吃了一半，奶却凉了。这让人非常地纠结，丢了？浪费奶粉钱，不丢？又不能让宝宝吃凉的奶。

另外就是奶瓶和餐具的消毒问题，我们在用户调研中发现虽然我们的清洗技术已经可以很好地进行杀菌和消毒了，但用户还是普遍觉得蒸汽消毒最放心，我们如果强行去改变用户的使用习惯，需要承担非常大的市场教育的风险。现在房子贵得离谱，年轻的爸爸妈妈好不容易左借右挪，买了一套小房子，家里面积都很宝贵。再说有了宝宝后，突然添置了一堆宝宝用品，更显得

拥挤不堪。

  基于上述原因，我们最终确定要做一款小巧可爱，有品质感，同时具备奶瓶和餐具自动清洗、高温杀菌、保温三合一功能的智能硬件，彻底解决用户在奶瓶周边配套装备上的烦恼，同时也节约占地和用户消费支出，哈密瓜的第一款产品由此应运而生。

  事业线：你是怎样加入这个团队的？

  金雪明：我的孩子和合伙人的孩子在一个班里上学，后来在朋友圈看到他发的一个消息说，自己要做母婴智能硬件，我觉得我这边只做软件方面的，恐怕后期竞争会很激烈，最初我只想跟他谈合作，我负责做渠道，接入一些母婴非标类的产品，当然质量要好。后来合伙人说，他们目前的创始团队缺少一个懂用户端营销的人，正好我的经验很符合，于是一拍即合，达成合作。

事业线：现在很多新产品都会去做众筹，但金额过百万的比例不多，你们做众筹有什么心得？

金雪明：众筹不是上个页面，然后就可以坐等了。众筹是需要一套完整、周密的计划的。比如，整个众筹周期，我们准备达成什么目标？然后再把这个目标拆分到每周、每天。每周我们的活动或宣传的主题是什么？然后细化到每天的具体事项、责任人等。当然还有整个众筹活动中，我们可能遇到的风险，都要列出来，一一找出相应的风险应对策略，以保证整个产品众筹的顺利进行。需要提前安排、布局的方面都要在产品上众筹之前就解决掉。

当然市场是最不可预测的，我们的计划安排再完美，也会遇到困难，这是任何人都规避不了的，这就要求我们要随时根据市场反馈，作出策略上的调整，要经常复盘。

还有就是整个产品众筹的节奏要把控好，比如什么时间我要上企业端，什么时间我要做用户端流量。这个是要根据公司的整体目标和宣传计划去做的。

事业线：创业过程中遇到最困难的事情是什么？

金雪明：融资难！资本寒冬下，想拿到一笔投资太困难了，以前投资总监就能拍板的投资，现在都需要到投资机构副总那里，而且需要上会。投资机构对项目的审核都是慎之又慎的！所以产品一定要好、项目一定要足够好才有机会上会。当然，我们现在已经顺利渡过了融资关。

事业线：用户和你们有哪些互动？

金雪明：比如产品最初设计时，用户会跟我们倾诉他们育儿过程中的烦恼，然后和我们一起设计产品，需要哪些功能等。

再比如产品广告语征选，用户集思广益，各种广告语都想得比较全面，什么刷墙的广告语、网络的、平面的、对爸爸妈妈的、对爷爷奶奶的等。

事业线： 做的项目在国外/国内有同类做得很棒的嘛？

金雪明： 目前来说，国外有类似产品，但是功能单一，我们的产品是三项功能合一的。从技术攻关上来讲，有很大的难度，我们已申请了专利技术。我们产品的间接竞品有消毒锅、温奶器。但消费者如果都买全的话，花费不小，并且很占地儿。

事业线： 创业中最大的感受对你来说是什么？

金雪明： 耐力和坚持力以及学习能力是最重要的，心态归零。

事业线： 未来打算做成一个什么样的公司？

金雪明： 做最好的母婴智能硬件，做最大的移动端母婴内容平台。这是我们公司的目标。

我们希望通过系列高品质清洁与健康领域相关的智能硬件和APP优质服务，将哈密瓜品牌打造成面向0—6岁婴幼儿的可信赖的健康与服务专家；希望家长们想到孩子的安全和健康就想到哈密瓜，在育儿过程中遇到困难就首先想到哈密瓜。

事业线： 你对这个领域的未来怎么看？

金雪明： 我觉得母婴智能硬件的前景会非常不错。为什么呢？

首先说一下母婴市场，随着国家二胎政策的放开，母婴行业会在未来3—10年内全面爆发。这个看看现在母婴电商的融资情况就很明白了，大家都看好。

其次，说一下智能硬件，智能硬件的发展近几年也是资本追逐的焦点，未来的发展方向。

所以，母婴+智能硬件=前景光明。

事业线：家庭对你的创业支持吗？

金雪明：家庭对我的支持完全就是精神上的支持。实际上生活方面他们什么也帮不了，还是需要我自己去解决（比如给孩子洗衣服、打扫卫生、给孩子讲故事、教孩子东西等）。因为家人也很忙，所以对于女性创业者来说，尤其是有孩子的女性创业者，其实比男性创业者更加不容易。所以我这里呼吁大家，要多多理解和关爱女性创业者！

爱很简单，却不容易，

爱很简单
却不容易

聂维维

奶牛妈妈创始人

北京／天蝎座

聂维维，曾任腾讯微信系创业者，两个孩子的妈妈。后创立"奶牛妈妈"，为新产妇提供泌乳顾问以及产后康复调理服务，诸如"开奶""通乳""追奶""回奶"等一系列哺乳期的上门服务。

融资状况

Pre A 轮由千山资本和两家上市公司合投千万级资金。

推荐人评语

聂维维正借助移动互联网和共享经济模式，帮助更多妈妈获得优质的产后恢复服务，愿更多的家庭受益！

——张荣耀（荣昌洗衣董事长）

爱很简单，但不容易

母爱是世界上最纯粹也最自然的情感，这样的一句话，说来很简单，但是当聂维维身处于那个当下，她却觉得有些力不从心。

聂维维是两个孩子的妈妈，生完第二个宝宝之后，她想找一些产后恢复的相关服务，然而却遇到了各种各样的问题。收费不合理、服务不规范、人员不专业等，都让她觉得十分困扰。对于像聂维维这样的新妈妈而言，不仅仅需要恢复自己的状态，同时更需要给宝宝最好的营养和照料。

"初为人母，面对身边刚刚降临的小天使，我们愿倾尽所能。"

腾讯微信系走出来的创业者

事业线：为什么会离开腾讯微信事业部这么好的工作出来创业？

聂维维：因为我是两个宝宝的妈妈，在生产结束后的产后恢复过程中遇到很多问题，看到产后服务行业的各种混乱、信息不对称，感觉特别抓狂，自己在互联网行业工作了11年，所以希望能够用互联网的方式改变一下这个业态，让其他妈妈不再有类似的烦恼，能找到有品质的产后服务。

生完宝宝就去创业，家人极力反对

事业线：对于你生完宝宝就去创业，家里人什么态度？

聂维维：在生完第二个宝宝准备去创业的时候，我的父母是极力反对的，

他们认为我应该放下工作，把重心放在孩子身上，毕竟有两个宝宝了。他们特别理解不了我放弃了原来令人羡慕的稳定工作跑出来创业，创业对他们来说风险太大了。这里要特别感谢的我的爱人，他对我创业非常支持，帮助做老人的思想工作，一路走来给予了我巨大的支持。

事业线： 奶牛妈妈这个项目目前取得了什么样的成绩？

聂维维： 奶牛妈妈上线十个月的时间，服务了北京近万人次，好评率100%，复购率42%，2016年第一个季度主营业务营收增长290%。目前我们的新客有78%来自于妈妈们的口碑分享，我们挺开心。

事业线： 服务这么多人次，除了实体店还有他合作渠道吗？

聂维维： 我们第一家店开在北京回龙观——一个近百万人口的大社区。目前已经在筹备第二家店，今年准备开五家实体店。

除了实体店，我们和中国妇幼保健协会、中国医师协会、中国早产儿联盟都有合作，这些大的渠道需要我们的服务支撑，同时他们的用户人群对我们来说是100%精准的。

2016年将迎来二胎政策放开后的首轮生育高峰，接下来我们会和一些大流量的入口合作，并且会输出行业人员素质培训，同时也会和各大妇产医院合作，为产妇提供服务。

不仅仅服务了产后妈妈，甚至影响了更多准妈妈

事业线：你觉得自己所做的事情在哪些方面，影响了哪些人？

聂维维：身边很多准备生宝宝或者已经生宝宝，但是在犹豫是否要放弃工作的妈妈，她们对于一个二胎妈妈不放弃梦想，勇敢挑战自我的事情很受触动。很多身边的妈妈说我是"励志姐"，从我身上感受到了正能量，进而重新审视自己去面对工作，学习平衡工作和生活。

事业线：你觉得你在创业过程中遇到最困难的事情是什么？

聂维维：因为要照顾两个孩子，做好老婆、母亲、儿媳的角色之后再做好CEO，必须要变身超人，无所不能。创业就意味着没有清晰的角色切换时间。当工作和家庭同时出现一些状况的时候是我最分身乏术的时候，有时候想像孙悟空一样变身出几个自己，好去同时处理很多件事情。

陪伴你从人妻到人母

事业线：未来打算将奶牛妈妈做成一个什么样的公司？

聂维维：未来希望把奶牛妈妈打造成一个完整的产后护理服务的产业链，覆盖全国的产后护理知名品牌，打磨出让用户交口称赞的服务品质，成为行业标杆。

对于女性而言，要适应从人妻到人母这个角色的转变，需要很艰难的一个过程。由于女性怀孕后体内各类激素的变化剧烈，会使孕妇产生一系列的躯体和心理变化，相比较起来，生理上的变化会随着怀孕的周期和分娩而渐渐趋于正常，而心理上的变化若放任不管的话，就会造成孕妇患上抑郁症或焦虑症。也可以说我们的项目是陪伴女性从人妻到人母的过程，温暖又贴心。

付出情感，也会收获感动

事业线：用户和你们有互动吗？

聂维维：我们很多的用户和奶牛妈妈就像朋友一样，除了服务，她们还会跟我们分享很多心情故事。很多不想跟身边朋友说起的话会跟我们的客服小曼说起。小曼发朋友圈说天好冷，手长冻疮了。就会有妈妈寄来暖手宝，特别让我们感动。

我卖了100多万只游戏手柄

曹水平

新游互联合伙人

深圳 / 巨蟹座

曹水平，曾在金融公司任职，后加入游戏公司"新游互联"开始创业。

融资状态

2015年8月A轮，联合利丰。

推荐人评语

水平的职场经历充满了想象力，由一个女工程师转型成为一个偏向商务市场的职场精英，伴随以及见证了整个91无线的发展，水平还横跨了公司的多条不同业务线和职能，成长经历的多元，让水平快速成长为一个责任心以及综合能力极强，并能够及时应对各种复杂挑战，相信伴随着水平的继续成长，必定能够成为市场上更耀眼的知名女职场精英，期待水平的下一个成长与蜕变，幸运女神是会眷顾持续努力的人。

—— 胡泽民（MFund 魔量资本创始人）

新游互联

新游互联于2014年创立于福建福州，在深圳和北京等城市有子公司，新游互联致力于游戏领域的创新，拥有领先的游戏操控软硬件整体解决方案、游戏各种外设硬件、VR 等相关设备、平台以及游戏工具、游戏社区等一系列产品，旗下新游手柄系列产品一年多时间内累计销售超过一百万台，成为首个突破此成绩的智能无线游戏手柄。

　　2014 年的时候，一位互联网行业的朋友告诉我说他拿到 1000 万的天使轮投资要离职去创业了，我当时非常地惊讶。因为在那个时间点，他这个 1987 年年底出生的男生仅有 2 年多的工作经历。不过想想也是正常，这位圈内被大家称为"小草"的我的朋友，算是一位"奇葩"，2013 年秋天—2014 年春天他在北京工作了短短 6 个月的时间，几乎收获了北京半个互联网圈的资源，覆盖了 O2O、金融、创投、游戏、媒体等很多行业，风风火火从福州来北京工作，然后又风风火火回到福州创业去了。去年夏天，"小草"同学给我打电话，问我家里还有没有空房间，让他的女合伙人来北京出差时可以住，我就答应了，心里好奇，什么样的姑娘会和我这位"奇葩"朋友搭班子创业。

　　一周之后，我接到了深夜赶到我家的曹水平。

3 只花了 1 分钟思考

　　事业线： 水平你当时是怎么会和"小草"组成一个团队的？

　　水平： 这也是很神奇的事情，2014 年时我在深圳自己家里的金融公司工作，觉得特别无聊，大概 10 月份的时候，新游互联的创始人之前是我在网龙的同事、搭档，在福州打了个电话给我说，我们一起来做个手柄大厅吧，他的方向与产品规划很有吸引力的，我花了 1 分钟思考了下这个事情，觉得挺有意思的，第 2 分钟，就答应一起做了。

事业线：决策得好快啊！

水平：是的，一是因为之前是老同事，有信任度；二是觉得游戏行业是属于年轻人的行业，做起来应该蛮好玩的。

手柄大厅：

即新游游戏厅，新游游戏厅是新游互联旗下的一个优质游戏内容平台，作为新游手柄操控外设的专属游戏厅，平台已拥有了上百万高黏度的优质游戏用户，收录了含手机、VR等多设备上的千款手柄外设操控游戏以及部分深受游戏用户欢迎的游戏大作；产品旨在通过优化游戏操控方案，为优质的游戏内容打磨操控玩法，为真正的游戏玩家提供最好的游戏体验。

凌晨五点的太阳

事业线：在一起搭档这么久了，有没有什么难忘的经历？

水平：印象最深刻的是2015年的CJ（CJ：ChinaJoy的缩写，中国国际数码互动娱乐展览会，简称：ChinaJoy，中国国际数码互动娱乐展览会是继日本东京电玩展之后的又一同类型互动娱乐大展）前后跟小伙伴们一起通宵的半个多月。在离CJ开始前的两个礼拜，出了点问题，我们的产品图以及展台的布置都还没有出来。当时我带的项目组临时接替这个工作。因为很多是需要花时间做的事情，才能修补之前的问题，所以加班成了常态。记得那个时候，大家凌晨四五点的时候，还在公司做材料。但是那种加班是很自然很开心的，大家像是有一种使命一样。在CJ的整个四天里，我们每天的前一天加班到早上5点，睡一会，然后我把大家叫起来，赶到会场，忙碌一天后，晚上继续这样。现在回想起来，当时大家在一起非常苦，但是很快乐。

迅速调整自己是创业者必备的特质

事业线：你们遇到过哪些挫折呢？

水平：刚开始加入团队时，我负责商务，当时新游手柄还没有正式生产出来，我拿着手柄的样品，花了两周的时间，找了10多家上下游公司谈合作，其中还有几家是投资方的关联项目，结果是没有人合作，所有一切重新开始。当时内心是崩溃的，想想自己2分钟决定过来一起开干的事情，居然是这样的现状，好想把自己抽晕。

为了让需要手柄的游戏厂商，接受游戏适配，我们当时每天至少拜访5家游戏厂商，跟不同的人去讲，可是就这样，一个月下来，还是没有一家同意接受我们手柄的操作游戏合作。当时我想，是不是这个市场不认这个手柄操控，或者是我们做得太早了。内心会有各种自我质疑，但是决定了的事情就要继续往前做。

后来我们换了思路，去找平台谈，西山居、乐逗、腾讯、网易、谷得，都是游戏行业里数一数二的大平台，结果全部都谈下来了合作。然后我们开了两场发布会，直接拿到几百万的订单。

一种方式走不通的时候就要迅速改变思维方式，我觉得迅速调整自己是创业者必备的一种特质。

销售超过 100 万台

事业线：几百万的订单，对公司应该是个很大的推动。

水平：是的，但是可惜当时刚刚和生产线磨合，没想到会有这么大的订单量，在备料上没有足够的准备，特别可惜。

事业线：现在生产能供应上了吗？

水平：不止可以供应上，我们的新游手柄系列已经累计销售超过一百万台，在手游硬件行业里是首个突破此成绩的智能无线游戏手柄。

事业线：现在整个团队有多少人呢？

水平：100人左右。

事业线：这三年的创业过程团队有变化吗？

水平：我觉得团队的变化是创业的必然经历，我们也会在这个过程中慢慢更加成熟。在第三轮资本没进来的时候，去年8月份，我们几个合伙人开会，讨论裁员。因为当时公司总部加3个分公司一共150多人，一个月的薪资支出要200多万，人员成本过高，那个时候最纠结。9月份我们继续开会，列出了裁员名单，但是还是一直纠结，不想把一起奋斗的小伙伴开掉。

心里想再努力一下，找到解决方案。因为团队就像一个大家庭，我们不想让一家人拼死拼活打仗的同时，保障不了基本生活或者散掉。

10月份必须去执行裁员的时候，我挨个和小伙伴们坦诚地聊，结果大家都不要补偿，他们特别理解公司，希望帮助公司度过难关。直到今天，新游互联越来越好了，所有曾经的新游互联的小伙伴都是我们的动力。

事业线：你们的用户应该比较年轻化吧，有什么互动的故事吗？

水平：在我们新游互联的用户群里面，有五个大群，每天有很多用户会在里面咨询，也有帮忙回复的铁杆粉丝，其中有一位叫"安卓—魅族—官人"的用户，非常喜爱新游手柄，常常会帮忙解决很多问题，遇到重要问题的时候，会主动私聊我，聊到最后解决问题以后，会有很多用户希望可以加入我们。我会把人事招募的网址发给用户，如果看到感兴趣的职位可以投递简历的。

事业线：游戏这件事情对你来说，意味着什么？你是怎么看整个行业的未来的？

水平：我觉得游戏是一件有意思的事情。适当的游戏给人们的生活带来轻松和娱乐。

随着移动竞技的白热化，游戏外设这块的需求，以及对游戏操控的需求，会越来越强烈，我是比较看好这块。

游戏行业发展及未来趋势

游戏作为互联网产业中最重要的组成部分之一，产业规模达 1300 亿元，并仍保持高速增长趋势；其中移动游戏比重达 30%，而且随着技术发展，移动游戏产业及用户更加成熟，整体移动游戏进入重度竞技化的时代；同时 VR（Virtual Reality，即虚拟现实，简称 VR）概念的成熟，游戏在 VR 设备上也将成为第一批的内容形态，VR 产业的发展也将助推游戏产业进入一个新的高度；

未来，新游互联将开放资源共享，整合更多硬件方案以及生产制造能力，并拓展更多移动操控外设等多元化游戏内容，带动更多游戏娱乐人群，推进游戏产业的多元化发展。

她让科学变为乐趣,

她让科学变为乐趣

陈琳珊
Grace

火星人俱乐部联合创始人

北京／白羊座

陈琳珊，中国传媒大学广告学院公共关系专业硕士，火星人俱乐部联合创始人。

推荐人评语

Grace 给人的第一印象是时髦又不失稳重，很容易想象她的气场可以轻松 hold 住一个创业团队，在对接投资时第一次与她打交道便能够肯定，以她的性格肯定不会让队伍失去信心，也坚信她是一个执行力极强的人，这样的人会使得队伍里不会有任何一个懒散或投机取巧的人出现，这也是我们选择投资这家公司的原因之一。相信只要 Grace 在，火星人俱乐部永远会是一个行动极其快速的团队，而这也是其成为业内佼佼者的原因。

——葛平（坚果创投管理合伙人）

项目介绍

火星人俱乐部是由北大、清华的多位硕士研究生创办于 2014 年，致力于 6—13 岁青少年创客的科学教育。火星人以"让科学成为乐趣"为教育理念，以生动、有趣、专业的形式为青少年带来直观的科学体验，让青少年主动发现科学、爱上科学，走进神奇的科学世界。

作为一名用物理学、机器语言、天文学引领学生探索宇宙的女老师,作为一名带着青少年探究科学的创业女 BOSS,这强大的能量场让我肃然起敬,脑海中浮现的是那些典型的理工女、科研女不修边幅的形象联想。

然而看到陈琳珊时,我不由得一惊。她一件白衣,一条精干的短裤,软软的福建口音普通话,温良贤淑的样子。哪里像一枚"科学怪人"?

她曾到西藏支教 1 个月,做台湾义守大学交换生半年。爱哭爱笑、性格开朗,超级喜欢孩子。

创客指不以赢利为目标,把创意转变为现实的人。"创客"本指勇于创新,努力将自己的创意变为现实的人。

从 2015 年开始，针对中小学学科性的创客（这个词译自英文单词"Maker"，源于美国麻省理工学院微观装配实验室的实验课题，此课题以创新为理念，以客户为中心，以个人设计、个人制造为核心内容，参与实验课题的学生即"创客"。在中国，"创客"与"大众创业，万众创新"联系在了一起，特指具有创新理念、自主创业的人）蜂拥而出：数学、化学、还有机器人、单片机和天文等。把许多中小学生的目光从局限在学校的实验室和老师的黑板，拉到了更直观的实验室，锻炼了孩子动手动脑的能力。这是一次非常有价值和意义的教学突破，也是打开孩子们思路的新方法。国内外做得比较好的有乐高和乐博，他们的客户相对较多。但琳珊认为从课程体系和整体发展上看，"火星人"具有更加宽广的优势。

天生喜欢创业的人

陈琳珊：我是个天生喜欢创业的人，从小学就开始做生意，家里不缺钱，可我就是喜欢做生意。

小学的时候，我去卖家里种的多肉植物。

初中的时候，我去茶厂做茶叶，做乌龙茶。

高中的时候，我卖书、卖教辅。整个学校每个班我找个代理，他们统计数量，然后从我这儿拿书拿提成。那时我挣了好多钱。

大学的时候，卖书、卖台灯、卖电话卡，各种你能想到的大学里卖的东西我都做，也赚了好多钱。

硕士毕业，搜狐畅游要招管理培训生，4000 人中只招 13 个。我经过五轮面试，成了管培生，做了一年多。但是，我还是更喜欢创业、做生意，所以，我出来和刘杨一起创立了"火星人俱乐部"这个品牌。

事业线：为什么会做"火星人"？

Grace 陈琳珊：我们都经历过痛苦的小学、初中、高中的学习，大学毕业以后选了文科，几乎把之前学习的东西都忘光了，但是我却发现刘扬（创始人之一）他们不是，他们还记得特别清楚，因为他们从小就各种拆装，从小就是快乐地学习。所以，我们想从事这样一种事业：鼓励创造和创新、以个人兴趣为引导，主张独立思考和发现问题，提升解决问题的能力，大胆尝试，迭代设计，注重美学，打破年龄歧视，强烈的个性化学习，从而培养学生的创造力和创新力，改变学生疯狂做题的现状，增加学生学习物理的兴趣。起初只是我们两个人，我做所有营销、新媒体的事情，刘扬负责研发，授课。

事业线：做的项目在国外/国内有同类做得很棒的嘛？你们之间的差异点在哪里？

Grace 陈琳珊：国外很早就推出 stem 教育，其实我觉得做创客教育的鼻祖应该是乐高，他融合了很多技术。

我希望我们可以成为下一个乐高。我们有物理、科学、机器人、3D 打印。比乐高更多元化一些，更强调科学技术理论和实践的结合，让孩子们在探索的过程中学习。

这两年我们的收入现金流很不错，但并不展开推广，靠的是口碑效应、人人推广。所以，我们的客户很稳定。我们能保证的是，只要孩子来到这里，就会有收获，孩子们喜欢，家长也喜欢。

事业线：这个项目做了两年做到了哪些成绩？

Grace 陈琳珊：北京、上海、广州、无锡、青岛等地共超过 50000 会员。10 家直营校区，30 多个合作校区遍布全京，课程进驻 20 多所中小学校及少年宫。短短两年的时间，去年收益是 200 万，今年应该达到 1000 万。

事业线：与科学相关的事情总给人很枯燥的感觉，你在工作中做过有趣的事情吗？

Grace 陈琳珊：去年《火星救援》上映时，我们的公众号做了一个关于如何观看这部片子的文章，讲了各种里边的"梗"，各种预习的方式，我们本来就是想科普一下，随便写写，没想到，转发量超大，效果特别好。里边的关于火星种土豆，关于地球轨道做弹弓，火星车的样子等，非常有意思。而且和粉丝互动特别有趣，这让我们感觉到了学科学的乐趣。

北大清华物理专业团队

事业线：能形容一下你的团队吗？

Grace 陈琳珊：你也看到，我们的团队很安静，所以，我们每周都要搞团队建设，这是对我来说很重要的一项工作。我们会户外烧烤、爬山、旅游等，还有一个最重要的是去我家吃饭，每个月都会去一次，由我来做饭，很热闹。但我的团队非常稳定，现在总共三十人。只有进来的，没有出去的。我们的团队成员都是北大清华等物理专业出来的，他们对推广这个学科，让更多的人认知这个学科的意义和魅力，有着特别执着的用心，所以我们团队特别稳定、团结。

事业线：上课的孩子们和你们有哪些故事？

Grace 陈琳珊：①有一个孩子从第一次参加我们的活动，到现在一直坚持，而且超级喜欢，每周必来火星人。

②有一个叫兜兜的孩子，参加完夏令营，回去过了好几天后哭了，他妈妈说是因为太想我们了。这件事让我特别触动，好的教育真的会让孩子们刻骨铭心。

③我觉得最逗的是，有一个孩子叫嵩凌，他把刘扬称为"孔圣人一样的存在"，这件事我笑了好久好久。我怎么就没有在我学习生涯中遇到"孔圣人"呢。

事业线：你对公司及这个行业有什么愿景和看法？

Grace 陈琳珊："让科学成为兴趣"是我们的口号。所以，我们非常希望帮助更多的小朋友去了解科学，激发探索精神和创造力。为此，我们并不特别在意收入。我们推出许多9.9元一节课作为公益，让更多的孩子来参与。我们发现，许多孩子根本不知道自己喜欢什么，有什么方面的兴趣。但是，当他们来参加了课程，他们很可能会发现：哇！天文很有趣，哇！机器人很有趣。然后，他们的潜在兴趣被激发了，很有可能他会成为未来的科学家。这是我们对这个世界的贡献。为这个想法，我们愿意多做公益课程，努力让更多的孩子来参与。

说到这个行业，创客市场现在有1000亿的规模，并且以30%的速度在递增。所以我非常有信心，我希望我们可以成为行业领先，成为中国的乐高。

事业线：如果现在让你有机会去采访一个人，你想采访谁，会问他什么问题。

Grace 陈琳珊：俞敏洪啊，我们想成为科学界的新东方。如何管理分公司，管理不同城市的业务等。

事业线：想和我们的读者说些什么吗？

Grace 陈琳珊：美国政府在 2012 年初推出了一个新项目，将在未来四年内在 1000 所美国中小学校引入"创客空间"，配备开源硬件、3D 打印机和激光切割机等数字开发和制造工具。创客教育已经成为美国推动教育改革、培养科技创新人才的重要内容。当十一岁的女孩做着自己的"西尔维娅的超级无敌创客秀"时，我们看到的是这个世界的进步。

在这方面，我希望中国走得更快，"火星人"走得最快。

从投资人的班主任
到餐饮创业者

张 彦

宴说创始人

北京／狮子座

张彦，先后在国内百强药企（太阳石药业）、全球跨国药企（赛诺菲药业）、国内大型国企（方正集团）工作，在战略规划、战略品牌和园区运营方面积累了丰富经验，并根据工作经验编纂了两本著作《面向医药行业品牌的研究》和《生物医药园区战略管理》，创业后成立了自己的餐饮品牌"宴说"，并顺利拿到天使轮融资。

推荐人评语

创业维艰，对于张彦则更为不易，怀着身孕从投资人转变为创业者。张彦具有"吃得苦、霸得蛮、不怕死、耐得烦"的湖南辣妹子特质，同时兼具女性的感性、多元化和乐于分享的特征。这些特质奇妙地耦合，使张彦成为一个有情怀、敢于挑战自己、努力开创新天地的女性创业者。这也是包括我在内的天使投资于她的缘由所在。张彦选择"蒸菜"品类进军餐饮市场，是一个有发展潜力的消费升级项目，既充分迎合了大众对营养健康的需求，又考虑了餐饮行业易标准化、易复制才能快速发展的需要。我相信张彦能赋予"蒸菜"新内涵和新能量，成为一名成功的创业者，同时也希望她能够永留初心不断回馈社会。

——徐勇（AC 加速器 CEO　中关村天使投资联盟秘书长）

互联网浪尖上的女性

项目介绍

宴说：是一家互联网创意蒸菜全国连锁品牌，建立起以关爱和服务创业者为主题的创业者生活服务平台。

张彦的能量，像水又像火

她是个清秀的湖南女子，讲话缓慢而坚定，如果她不说话，坐在那里就像一幅画，你无法把她与上百位天使投资人的班主任联系到一起，这是她像水的一面：温柔、平静；但是张彦的人生中，有更令人惊讶和佩服的经历：婚后第一次怀孕时，除了坚持工作，还将自己的从业经历整理成了一本著作；第二次怀孕，也就是现在，她创立了自己的餐饮品牌，并顺利拿到天使轮融资，这是她性格中像火的一面：有激情，能燃烧。这个人骨子里"不安分、敢折腾"的基因，根深蒂固。

学习艺术出身的张彦热心公益，善于从心理和细节上指导创业者，担任天使成长营执行委员以来，历经了管理者、品牌人、投资人的身份转变，同时担任 AC 加速器投资和运营总监。2016 年开始创业，创建创新湖南蒸菜品牌"宴说"，品牌筹划时便得到多方关注，迅速获得天使轮投资。

少年时代："领头羊"与被退学

同张彦的访谈，从她高中的经历开始。

在同记者聊到学生生涯时，她居然告诉记者，自己高中时像个"小混混"，曾经有带领全班同学们罢课罢考的经历。

事业线：你成绩很不错，为什么还要带领同学们罢考？内心不害怕吗？

张彦：我从小就是个不安分的人，爬树

玩泥巴。高中时，我们在重点班，我不能忍受别的班级同学欺负我们班的班长，而我们的班主任性格又比较温和，我们班在学校里争取不到太多资源。我和另外几个同学，血气方刚，特别希望帮班级同学争回面子，争取更多的资源，于是就勇敢地带着大家闹了"革命"，号召大家考试交白卷。十几岁的孩子想法很单纯，就是希望保护老师、班级和同学们。

看得出，张彦骨子里透露着"天生勇敢"的气质，不过这个"领头羊"因为这件事还是被勒令退学。这让张彦的父母犯了愁：一个没钱没背景的普通人家孩子，能安稳地高考升学已经很不容易，而在这么重要的高二阶段，居然带领同学闹"革命"，还被开除了。

她却一点也不着急

看似叛逆的孩子，心里其实已经找好了退路。她对父母说，你们放心，我已经打听好了。

她得知初中同学在一所艺术学校上课，问清楚课程安排后，迅速去报名申请插班上课。

事业线： 在艺术学校学习之后，又是怎样迅速赶上别人积累几年的美术功底的呢？

张彦： 从普通高中到艺术学校，环境产生了变化，激励着我开始懂得如何适应环境，快速学习。我发扬自己善于提问的特点，每一次跟别人谈论绘画技巧时，都将同学谈到的细节，分条列点记在本子上，然后在自己的练习中实践。我逐渐体会到，当你全身心地去做一件事情的时候，一定能做好。他们教完我之后，我就偷偷记下来；每次画画时，都会提醒自己之前犯过的错误，调整画法，随时去尝试同学们传授的技巧。

转折点来自一次假期。当时，进入学校后不久就迎来了十一小长假，全班同学们都回家了，我没回家，独自留在学校画室，拿一张全开纸，想临摹一份巨幅的《大卫》，同学们听了都笑话我，说你怎么可能画出大卫来！

我画了整整七天

有了水滴石穿的积累，迎来飞跃是迟早的事。老师同学们回来看到作品时都惊呆了。从此以后，就像开了窍，她的美术水平开始突飞猛进。校方被她的成绩说服，同意她不必重新从高一读起。张彦这股耐"折腾"、敢于证明自己的尽头，为她赢得了人生第一个小胜利。

同时，由于她的文化课在艺术学校独占鳌头，在学校里逐渐受到重视，被当作了尖子生。张彦就这样顺利考上了大学，一个别人眼里"闹革命"的高中生，将升学这件事，圆满地画上了句号。

这个有主见的孩子，终于不再是"小混混"了。

从公司管理层到战略投资，不断跳出舒适区

"罗马不是一天建成的"。踏入社会后，张彦也经历过短暂的迷茫期。毕业后，她曾经规规矩矩做了一年老师，但是后来辞职了。

事业线：老师的工作这么稳定，也适合师范大学出身的你，为什么要辞职？

张彦： 做老师的一年，是单纯的一年，我非常耐心地与学生相处，兢兢业业备课教课，每天陪同学们读书锻炼，就这样愉快地度过了第一年。第二年开学前，我报到时拿到课程安排，发现第二年学校给自己安排的教学年级和内容，与第一年相比没有丝毫变化。这个时候，我心里凉了半截：这样的过程，以后莫不是要年年反复了？我还是拿着去年的课件，再上一遍课？

心里不安分的火苗燃了起来，她当天就拨通给校长的电话，果断辞了职，从此开始了闯荡北上广的生活。

随后，张彦应聘进入了一家药业公司，主动承担了公司里品牌推广的工作。她一路摸爬滚打，在一次次实战经验中，总结出了适合本行业的打法战术，很快得到晋升，也有了属于自己的著作。

换做一个该领域出身的专业人士，或许会容易得多。但是，学艺术出身的张彦，不但在短短的时间内将自己负责的品牌推向了全国，而且，对品牌推广的理论总结，是她在怀孕期间完成的，这跟她强大的学习能力、适应能力密不可分。

事业线：跟我们分享一下你怀孕时坚持工作、还出了书的感受吧。

张彦：怀孕时，除了正常工作，我实在是闲不下来，我看到我这个行业关于品牌研究的东西不是非常多，就整理了品牌推广和战略管理的相关书籍及理论，把我在这个行业里几年来在品牌策划和战略管理方面的经验与经典理论一一对应，落地成了作品，出了书，也梳理了工作时的思路和理念。

之后，张彦跳槽到另外一家大型国企，又成功策划并实施了多次大型活动，特别是她刚到公司时，成功举办了一次联合政府、投资人、行业主要公司的大型品牌活动，正常几个月的活动，她用一个月就搞定。张彦被管理层评价为"能想、敢干"，开始承担为公司梳理战略规划、投资的工作，成为朋友们眼中的女强人。

事业线：无论是品牌总监还是战略规划者，都是令人羡慕的工作，为什么又选择去了纯公益性质的天使成长营？

张彦：在国企做战略规划的时候，我开始了解天使投资，发现国内的天使投资环境正在蓬勃发展。天使投资人的存在，扶持了一批新兴行业和人才的发展，这是颇为令人欣慰和鼓舞的事情。但同时，我们国内整个天使投资圈的数量和规模，距离美国等发达的投资环境还有一定差距，我们的天使投资人需要一些专业投资知识的指导。我一直期待着，能为这个圈子做点什么。于是，当徐总（编者注：徐勇，天使成长营发起人，其发起的中关村天使投资引导资金，是国内第一支专项天使引导资金）成立天使成长营时，我觉得这是件值得为之贡献力量的好事。

作为天使成长营的执行委员，张彦管理和服务着数十名天使投资人的培训课程，在这里，她收获了亲情，提升了自己的投资能力。在理想的人生正在徐徐展开之时，不安分的她，已经开始计划下一次飞跃了。

跨界做餐饮，立志做出给创业者的"中式舒餐"

2016年初，这个特别喜欢吃蒸菜的湖南妹子，决定创业。

学艺术出身的她说，在她看来，美食和美学密不可分，最不可辜负，就如唯有梦想和信任值得尊重。她的时尚餐饮品牌"宴说"就是要把美学和美食相结合，重拾她最爱的艺术和美食梦想。

张彦对于餐厅的设想是：这将是国内首家以关爱和服务创业者为主题的餐厅，将建立情感沟通、身心健康、生活美学、创业指导、项目投资为一体的创业生活平台，形成阳光、健康、开放的关爱文化情感餐饮领导品牌，目前，"宴说"已经在北京的腾讯众创空间开设了第一家形象店，并在项目初期就迅速获得了多家天使轮投资。

这正值媒体评论"资本寒冬"来临之际，张彦的创业，却仿佛并没有外人想象的那么困难。

事业线：快速了解一个行业不难，但快速融入却不简单。你之前从未做过餐饮行业，是怎么迅速赢得投资人信赖的呢？

张彦：在融入这个行业时，我没有盲目学习，我通过自己多年积累的人脉资源，找到了传统餐饮行业的协会、连锁餐饮集团去拜师学艺，我跟着协会中的行家走南闯北了一阵，搞清楚了餐厅的供应链和运营系统，以及自己家乡蒸菜里的全部细节。特别有趣的是，在我与一位传统餐饮行业的权威人士讨论完自己经营餐厅的想法后，这位前辈居然说，张彦，你有想法又有执行力，我这里有个大酒楼，能不能以后就交给你管了？我简直受宠若惊。

所以，和其他人不同，我每次挑战一个新领域，都会稳稳地准备，不打突袭战，在经历了一段时间的学习，摸清行业规律之后，我才踏入了餐饮行业，将创业想法付诸实践。这个时候，眼前就不会有很大的困难了。

就像我学生时代迅速提升美术成绩的经历，当你整合好手中的资源去努力成就一件事时，通常，结果是水到渠成的。

她想要把湖南蒸菜从"中式快餐"的固有观念中解放出来，把创业园区中没有任何情感归属的"快餐"，改造成真正健康、时尚的"中式舒餐"。

事业线：对于餐饮的消费升级，你是怎么理解的？现在国内其实已经有不少蒸菜快餐了，你们的差异点又在哪里？

张彦：好的餐饮体验，是消费升级的体现。不仅仅是升级商品本身，它应该是全方位的升级。我不喜欢中式快餐这个概念，快餐给人的印象，抹杀了食物本身的美好。

要改造这个概念，首先是环境，要突破人们不愿意在快餐店坐住的原始环境；其次是将传统蒸菜与时尚结合起来，在菜品的呈现方式上提升人们的主观感受。做餐饮时，我的美术功底发挥了很大作用，学艺术的人，看到物品的色彩、搭配和其他人会不一样，艺术有一种能力，能将各个行业打通。餐饮业里的快餐，完全可以变成"舒餐"，给人放松的享受。

所以，菜品方面，我会在传统的蒸菜加工方面添加美学和时尚元素，让人赏心悦目；在营养方面，讲究食材搭配，注重营养配比；在工艺方面，强调程序标准化，确保菜品的低成本，但是不降低食材的标准，只在食材渠道上下功夫，同时保证高效率的生产。

品牌和渠道方面是我的优势，我可以充分利用知名天使投资机构的背书，以及我的股东人人湘在智能餐饮行业的地位，及其提供的智能餐饮系统，同时，有腾讯众创空间的品牌声誉，尽快将"宴说"打造成新的网络餐饮品牌。渠道方面，可以充分利用在创业和投资界的资源，与各大孵化器一起合作，从示范店开始运营。

事业线： 这么多年的积累，听起来你的创业似乎比其他人看起来容易。这期间，有没有遇到过特殊的困难？

张彦： 我在与各位投资人接触时，发现自己又怀了孕，人生即将跨入下一步。这个时候，我和我的家庭都陷入了犹豫。创业的想法已经在付诸实践了，朋友们都劝我，怀孕期间不适宜创业，等投资到位、招到人之后，再告诉圈内人不迟。我坚持认为，我应该将自己创业时的状态，真实地告诉愿意投资我的投资人，方便他们做决定，这也是蒸菜背后的意义：做菜要蒸，做人要真。没想到的是，投资人都很信任我，不但已经决定的投资没有收回，还收获了大家"双喜临门"的祝福。所以，做人就像我想做的这份蒸菜，唯有真实，才会可口。

事业线： 除了餐饮本身，还希望这个品牌能承载什么？

张彦： 对于一个土生土长的湖南人来说，蒸菜其实是非常平常而营养的料理。在自己小时候尚未断奶时，妈妈就是蒸鸡蛋喂我，嫩滑嫩滑的，这样慢慢离开了母乳，所以蒸是人生的第一味道。虽然成了北漂，但是家乡的味道一直没有忘记，现在家里每周会吃蒸菜，比如粉蒸肉、蒸腊鱼腊肉、清蒸鱼。

刚才也提过，每当吃蒸菜的时候就想起老家的那句话：做菜要蒸、做人要真、做事要真。也正是这句话激励我：北漂虽苦，但不能忘记做人的根本，做事的态度。"蒸"这个词，已经深深刻在我自己的脑海里，我一直觉得，这么营养、美味、健康的蒸菜一定要让创业者进行分享。

当全国都在说"双创"时，当所有的投资人和创业者都在关心创业成绩、运营数据和是否成为"独角兽"企业的时候，创业者感受到的全是鸡血和压力，创业者的生活根本没有人关心。大家不知道，创业者的基本状态，是体力透支，情感透支，很多创业者的身体都已经潜在出现了一些问题。可以预测，很快就会有各种创业者出现的心理、健康等相关的负面消息，现在只是藏在热闹的"双创"背后。所以，我同时在准备筹备"关爱创业者联盟"，从美食、心理、爱情、健康等方面，整合资源，一起给创业者更多关心。

事业线：怀孕时创业，最大的感受和关键词是什么？

张彦：幸福，满满的幸福。不管是身体还是心情，都有一种充盈的感觉，觉得一切充满希望。我和我的先生，结婚后一直相互扶持，彼此给予对方生活和工作上的指导，双方都在一路成长。

张彦的"不安分"，让她的创业不止餐饮本身，她策划的关爱创业者联盟组织也在逐步推进。从餐饮出发，张彦在逐步整合自己手中的资源，对创业者、创业公司群体提供更多精神层面的关爱。我们聊了四五个小时还意犹未尽。结束采访时，她似乎在总结似地说："人生不能太安逸，生活需要不断折腾和挑战自己。"

说到这句话时，她眼中洋溢的光芒，超越了年龄和性别，在秋日午后，显得格外大气。

入住率接近100%的创业空间
穿得下十年前衣服的美女老板

代瑞红
Daisy

优投空间创始人
天使投资人

北京／狮子座

代瑞红，天津大学管理科学与工程专业硕士，技术经济与管理专业博士。优投空间创始人，天使投资人。

一个投资人的日常什么样

投资人是金领阶层的一种：风光、多金、有很高的社会地位，岂不知他们的工作节奏极快。

曾经有一位投资人朋友分享了他的日常作息，大致如下：

· 8：00　出门。

· 8：00—9：00　微信回复信息，看看朋友圈，了解一下关注的公众号发布的内容，查看一下国内外科技、创业媒体的资讯。

· 9：00—10：00　回复邮件，顺便和同事交流一下行业的情况，开晨会或周例会。

· 10：00—12：00　约谈项目或者见合作的机构。

· 12：00—14：00　和创业者吃饭，如果有时间可以打个盹。

· 14：00—18：00　筛选BP、约谈项目。

· 18：00—19：30　在孵化器和创业者密集的地区出没。

· 19：30—20：30　吃饭，或者约谈项目。

· 20：30—22：00　圈内投资人伙伴交流，偶尔喝酒或者参加聚会。

· 22：00—23：00　回家，路上手机继续办公。

· 23：00—2：00　准备推荐的项目报告，投资协议撰写，尽职调查材料跟进，项目的最新进度跟进，学习新的知识。

投资人简直就是"信息爬虫"，每天和不同的人见面聊天、收集整理项目资料、进而判断、分析、决策。

女投资人的印象

在如此高压的工作作息之下，人们对女投资人的印象主要是：高冷、挑剔、强势、随时 Chanllge（挑战）任何人，而实际上，这些特质并不是一种判断，而是我们在从事每种职业时，由于职业需要形成的一种思维或逻辑习惯。

并且，有的人很例外。比如，今天我们要介绍的女主角：代瑞红。

作为一名优秀投资人，她多次担任中国青年创新创业大赛、CCTV"给你一个亿"、IBM Smart Camp 全球创业大赛等多项大赛的评委。

参投项目：知呱呱、奶牛妈妈、美道家、乐喜网、遇见设计、臻和科技、汇创宜、超级表格、聚仕科技、她创等。

同时也是几家基金的个人 LP（Limit parter 有限合作人）。

有着诸多身份和事务要忙的代瑞红，却完全不是人们固有印象中的女投资人。

她性格极温柔，长发飘飘，身材颀长。

陈述、提问、聆听，以激烈快速的语气和创业者头脑风暴出一个想法的情况几乎不会在她身上出现。和她聊天，你会觉得内心很舒服。

除了天使投资人的身份，说到与创业相关联的事情，就是她创办了入住率高达 93% 的优投空间。

优投空间为优质早期创业项目提供空间、服务，还会经常举办一些创业相关的活动和大赛。因为自己的空间运营得非常好，同时关注着全国的众创空间、孵化器行业的发展情况，很多机构都邀请代瑞红去做演讲和分享。

所以今天事业线也特意采访 Daisy，让她给我们讲讲孵化器的发展和运营。

事业线：现在市面上众创空间、孵化器种类很多，大致是都有哪些不同类别呢？

代瑞红 Daisy：孵化器的类型根据主体进行划分大致有 6 类。

中小企业孵化器：为中小企业实现模式创新，依靠孵化器优惠政策降低企业创新成本提升存活率。

高校、科研机构孵化器：为高校和科研成果转化提高成功率，实现市场化、商品化，打造完善产业链。

中介机构孵化器：为财务法务、管理咨询、市场营销、知识产权等机构带来业务资源。

大型企业孵化器：推动地方创业投资市场发展、拓宽项目来源、盘活民间资本。

创投机构孵化器：推动地方创业投资市场发展，拓宽项目来源，盘活民间资本。

政府孵化器：促进地方经济发展，打造重点培养产业品牌。

事业线：能否帮我们介绍一下孵化器的发展？

代瑞红 Daisy：在全球范围内，孵化器从 1959 年出现，最早是政府主导，经过近 60 年的发展，从政府主导型向盈利型、创新型进化，2005 年全球新型孵化器发展开成热潮。目前，全球孵化器的发展处于一个最活跃的时期。

1 1959 年诞生世界第一个孵化器

国内孵化器起源于 80 年代，30 多年间经历了从孵化器 1.0 的"二房东"身份到 2.0 的"服务员"，而今发展成为"天使＋孵化"的 3.0 版本。运营主体

互联网浪尖上的女性

也自上而下，由政府主导，到地方政府与大型企业合作再到创投机构或者各类民间资本共同兴办，逐渐形成市场化的新型孵化器。

据科技部火炬中心粗略统计，2014年全国科技企业孵化器数量超过1600家，国家级孵化器达约600家，非国家级超过1000家，在孵企业8万余家，累计孵化企业约6万家，各项数据均在逐年稳步增长。

1959年，世界第一个孵化器（Incubator）在美国纽约（Batavia Center）诞生。

世界上首个企业孵化器的创办者，是美国的曼库索（Joseph Mancuso）。当时，纽约贝特维亚当地最大的设备制造商 Massey Ferguson 倒闭，曼库索的家族集团接手了倒闭的大楼。曼库索没有选择传统的经营模式，而是把大楼分割成小单元，以较低的价格分租给小企业，并提供融资、咨询服务。偶然间，他从楼内这些活蹦乱跳的"小鸡"身上获得灵感，将这种自己独创的经营模式命名为"Incubator（孵化器）"。最初的五年，这个孵化器创造了数以千计的就业机会。

事业线：很多人对办公空间和孵化器是分不清楚的，两者最主要的区别在哪里？

代瑞红 Daisy：很多办公空间基本上只提供了一个物理空间的功能，收的是房租、工位租金。而孵化器不仅是一个空间概念，还提供更多的服务、政策、资源支持。软环境的重要性往往超过空间硬环境，比如管理团队是否专业，是否能得到大量基金的支持，是否有吸引优秀项目、帮助项目加速的能力，是否能够得到当地政府的支持等。

创业空间与创业咖啡

事业线：前两年创业咖啡馆火爆全国，但从去年起，声浪似乎就被创业空间盖过了，您怎么看这个现象？

代瑞红 Daisy：我觉得这是个必然。因为创业的服务是比较重的，大多数创业咖啡馆只是提供了一个创业社交场所，而这个功能，其实现在是被创业空间分走了，因为几乎每个创业空间都提供咖啡馆、休闲区，供创业人群交流。

从另一个角度，咖啡它依然属于休闲餐饮的类别，从餐饮这个属性来讲，是柄双刃剑，一是咖啡行业80%的咖啡馆是不盈利的，二是用户会在类似大众点评这样的社区给它打分。当咖啡成为载体的时候，风险性也就非常大了。

93%的高入住率

事业线：您自己办的优投空间有着93%的高入住率，远远高于行业平均水平，在运营方面有哪些心得？

代瑞红 Daisy：我们在服务方面会做得比较深入。我们会帮助创业团队梳理BP、帮助创业者策划、执行新闻发布会、融资发布会，帮他们做很多品牌宣传方面的工作，让创业团队降低创业成本。

例如创业团队一入驻到优投空间，我们就会给他做个专访的内容，在多个平台发布。当他们开始成长，有了做新闻发布会、新品推介会的需求，我们有专门的团队来帮助他们策划和执行。

像知呱呱、美道家等团队今年的新闻发布会都是优投的团队帮忙策划和执行的。

事业线：服务是很重的，是怎样想到要专门设立一个部门来做这件事呢？创业空间的自有团队提供深度服务的目前还只听到优投空间有。

代瑞红 Daisy：这个是我们认真研究了创业团队的需求之后决定做的。目前我们有一个6人的部门，专门在这一块服务创业团队。

女性的细致 & 陪伴式服务

事业线：咱们优投空间提供的服务帮创业团队节省了费用，除此外还有哪些优于外部营销团队的地方？

代瑞红 Daisy：细致和针对性。我要求我们的团队对创业者所在的行业要认真地做宏观的、具体案例的详细研究，然后再去帮创业者做策划、做新闻稿，这样做出来的东西才有的放矢。

我们做每个月一次的《优投创业营》时也一样，虽然是免费的公益性质的创业培训，但我们会在做课程设置时做系统化和模块化的安排，并且从报名筛选时就严格把关，让讲的人、听的人感觉他们是互相需要的，这样创业者来了才真的能得到收获。

连吃一个月白菜

事业线：感觉女性的细致在您做优投空间的运营上体现得淋漓尽致，我们来聊聊生活吧。在朋友圈看到你出差频率特别高，这种时候怎么和生活做平衡？

代瑞红 Daisy：虽然出差多，但我会在出差时留出时间去吃当地的美食，有时会漫无目的地到处走走，感受当地的烟火气息。

事业线：工作忙碌，你是怎么保持身材的呢？

代瑞红 Daisy：就是运动＋饮食，我喜欢慢跑，经常会去奥体森林公园跑步；饮食上比较清淡。曾经有一个月的时间，我每天都坚持吃炒圆白菜，吃到我空间的厨师都开始抓狂了。

事业线：一个月的炒白菜……我的天，有效果吗？

代瑞红 Daisy：效果就是 10 年前的衣服，现在照样穿。

女人不要活的太潦草

事业线：厉害！10 年前的衣服，现在照样穿，这是任何一个女人都觉得无比骄傲的事情。

代瑞红 Daisy：我一直觉得一个女性，要学会享受生活。无论你是多大年龄，不要活得太潦草。

代瑞红就是这样一个非常规女投资人的样本：集投资人、创始人、女博士、各种创业大赛评委的多重身份于一身，生活节奏飞快但是依然精彩优雅，毫无潦草。

我们的创客平台
比普通孵化器给你更多

薛 玮

国安创客总经理

北京／狮子座

薛玮，曾在大型国企担任高管，后接手"国安创客"项目，担任总经理一职。

《2016年政府工作报告》里提出，要发挥"大众创业、万众创新"和"互联网+"集众智汇众力的乘数效应，打造众创、众包、众扶、众筹平台，构建大中小企业、高校、科研机构、创客多方协同的新型创业创新机制。建设一批"双创"示范基地，培育创业服务业，发展天使、创业、产业等投资。支持分享经济发展，提高资源利用效率，让更多人参与进来、富裕起来。实施更积极、更开放、更有效的人才引进政策。

2015年到2016年，是Co-Workp空间和孵化器大行其道的盛夏，国家提倡"全民创业"，各级政府对于孵化器项目给予一次性补贴资金、税收返还等政策激励，个别省份银行对孵化器在贷款、坏账方面也给出了积极政策和保障。

2015年，中信集团以自有资金及优势资源全力推出"国安创客"项目。

国安创客在众多的创业咖啡馆、联合办公空间、孵化器中绝对是响当当的"实力派"。

而这个"实力派"的女掌门，就是薛玮。

在创业大街待了一个月

薛玮一直以来的职场经历都十分靓丽且稳定华丽,作为大型国企的高管,她从来没有想过要走上"又苦又累"的创业路。甚至一开始公司提出让她接手"国安创客"这个项目时,她有一些抗拒。

成千上万的创业者到底为了什么而创业?是纯粹为解决温饱还是自主就业的一种形式?

薛玮还是想亲自去看看一看,她来到北京的创业者聚集地——中关村创业大街。

看到了另一幅画面……

"这么多追求梦想的年轻人。"薛玮感叹道。整整一个月,她每天泡在各种创业咖啡馆管、孵化器、联合办公空间里，观察创业者的日常生活，跟他们聊天交朋友，倾听他们的梦想与激情。

一个月后，她接下了"国安创客"这个创业项目，开始了她的创业之路。

3. 最不像国企的国企

一提到国企，总给人一种"高高在上""传统古板""机构庞大"的印象。在国企里工作是什么感觉？工作节奏慢、层级划分严格、流程繁冗、信息不透明……但是走到国安创客里，味道完全不同。整个公司平均年龄28岁，没有看报纸的大爷和织毛衣的大妈，工作氛围自由，完全不同于国企的日常：他们在公司会议上各抒己见甚至自由地争执辩论，工作间隙在公司的休息区又玩得很开心。同时对于老板，他们也经常"没大没小"地开开玩笑……

M. 母亲的角色让女人作出决定更审慎

除了国安创客的总经理，薛玮还有一重身份是一位母亲，她有一个可爱的女儿。薛玮一直没有做过全职妈妈，她离开社会最久的一次就是生宝宝时的产假。尽管只有短短几个月的时间，她也觉得自己开始一点点和社会脱节，思维和眼界逐步受到限制。

每天早上，薛玮起床后会开始看报告，然后给全家做早饭，接着就立刻投入到一整天的工作当中。薛玮始终坚信孩子需要看到一个努力的母亲。她这样的言传身教，使女儿自觉培养成努力读书的性格。不仅如此，作为创业女性，薛玮还经常会接受采访、出席演讲等，这样的行为能够进一步培养女儿对于人际交往的自信心。

事业线：你创业过程中最大的感受是什么？

薛玮：天赋异禀很重要，但是同时天道酬勤。中信集团旗下有 2 万多家公司，我们拥有得天独厚的优质资源，可以说我们做创客是站在巨人的肩膀上。但是天道酬勤，如果不努力，再多的资源也做不出令市场满意的创客平台。

事业线：最近对于创客空间的舆论消息也比较多，你对这个领域是怎么看的？

薛玮：主要最近深圳一家众创空间倒闭了，所以大家都开始谈论，觉得中国的创客空间倒闭潮开始了。但是我不这么觉得，深圳众创空间的倒闭，只能说明市场在加速淘汰投机性创客以及自身资源整合能力差的创客空间，这对于国安创客来说，并不是创客的寒冬，而是创客春天来临的前夜。

事业线：为什么说国安创客不同于联合办公空间和孵化器？

薛玮：创业需要物理空间（办公场地）、财务、法律、投融资服务、品牌营销、买方市场，联合办公空间能实现的是第一点，孵化器能实现前两点，而国安创客能实现的是全部四点。

物理空间：国安创客目前在北京有一个 5 层楼的空间，天津河北的 2 个空间正在建设当中。

投资支持：国安创投自有扶持基金 15 亿，其中 5 亿开创基金单份 10 万，可扶持 5000 家创客企业；5 亿孵化基金单份 100 万，可扶持 500 家创客企业；5 亿产业基金单份 1000 万，可扶持 50 家创客企业。

品牌营销：北京卫视创业类节目《我是独角兽》为国安创投投资的项目。

买方市场：国安创投隶属于中信集团，中信集团旗下 2 万多家子公司，经营行业涉及信息产业相关业务（包括有线电视网络投资经营、电信增值业务、卫星通信、网络系统集成、软件开发、广告业务）、旅游房地产、高新技术及资源开发等领域，是一个综合实力强大的买方市场。

简单说，我们孵化的好产品，可以做到优先集团采购。

我们的目标就是做中国创客产业生态圈的资源整合者，打造中国360度创业产业运营平台，国安创客要做的不是孵化器，不是单纯空间，而是创业的线上服务平台。

事业线：公司的员工会跟你打成一片吗？

薛玮：会呀，我们公司就是创业公司的风格，大家都不会特别严肃，也没有刻板的条条框框地束缚。我们在工作之余也经常约着一起玩，大家就像一家人一样。

事业线：你的家庭对你创业这件事怎么看？他们会支持你吗？

薛玮：这个问题我真的特别有感触，我特别感谢我的家人，包括我的父母、爱人和孩子。创业公司大家都知道，我们努力拼搏自然就少了很多陪伴家人的时间。但是我的家人都全力支持我的工作，他们也觉得我像现在这样为了梦想而努力的状态特别好，也能给他们带来一些正能量。我也希望可以借这次采访的机会，认真地感谢我的家人，谢谢他们的理解与支持。

投资是大型企业创新的工具

陈蜀杰
Eva

联想创投集团 CMO

北京／白羊座

陈蜀杰，联想最年轻的 CMO（Chief Marketing Officer，市场总监）。自 2015 年 2 月份加入联想，成为其最年轻的市场总监。

2016 年 4 月，联想宣布成立新的"联想创投集团"，组织架构调整为"创业加速器"+"风险投资"+"战略管理及创新子公司"+"大数据平台"的全价值链投资集团。

天生喜欢挑战和新鲜感的白羊座

作为国内最大的 PC 生产商，联想给人的品牌印象是蓝色的、理工男甚至有点官僚气的感觉，而 Eva 则像这一抹蓝中的红蔷薇，感性、有亲和力、充满活力的同时保持着快速决断和高效工作的特质。

2003 年陈蜀杰毕业作为管培生加入宝洁，从雅芳到国际知名公关公司，再到学大教育以及 IT 公司，时装、化妆品、教育、快消、涉猎过不同的行业。她一直有一个见地：市场要深入到 BUSINESS，才能发挥更大的作用。

投资是大企业创新的工具

事业线： 最近两年巨型企业纷纷成立创投，包括中信、京东，联想集团也将过去的基金、加速器等升级成了创投集团，这个趋势你怎么看？

Eva 陈蜀杰： 对于大的集团企业来说，投资是创新的工具。巨型企业因为多年深耕，一般都会在一个或多个领域有不小的建树，拥有上下游的供应链资源，投资是巨型企业创新的工具和方式，对于创业者，我们提供的不仅仅是资金，还有品牌背书，供应链和渠道资源以及市场人脉，这些优势便是巨型企业创投比较独特的优势。

事业线： 你在进入联想前主动经历了很多不同的行业是吗？

Eva 陈蜀杰： 是的，白羊座是特别喜欢挑战、特别需要新鲜感的。我一直说市场要深入到商业，做市场也好，创业投资也罢，一定要始终保持一颗好奇

心。当我发现需要锻炼自己在公众面前的状态，会花时间去新东方做老师；需要对商业有贴地面的实践，曾经创业的经历，使我可以更客观和开放的眼光来看待问题。我常常觉得积累就像串珠子，开始你只需埋头去捡珠子，各式各样的，有一天，自然而然地，你便编织出了美轮美奂的项链。

事业线：联想创投 CMO 这个职位的工作都覆盖哪些内容？大概是种什么样的工作状态？

Eva 陈蜀杰：首先联想创投负责联想集团的投资和新业务，如果说我们的"风投"是把钱投出去，那么"战略投资及子公司"部分，则是把资金引进来，注入到从联想集团孵化出的新兴业务中，我们现在已经有 8 个子公司业务，CMO 这个岗位要服务于创投集团旗下所有的市场工作，有时候我一天要在多个截然不同的领域里穿梭，从"超融合"到"风投"，从"大数据"到"智能硬件"，除了迅速帮助联想创投建立业界品牌影响力，吸引到最优的项目，还要帮助子公司进行品牌定位和市场战略的规划；工作量还是蛮大的，没有足够的工作经验积累和快速学习的能力，很难驾驭。

和 Eva 聊得很投机，我们聊天结束时是晚上 7 点半，她的团队来喊她开会，整个团队都在会议室寻她，而会议时间长度并不确定。

事业线：俗话说，新官上任三把火，你加入联想后做过哪些举措？

Eva 陈蜀杰：来联想第一天，我就与一家合作很久但态度和风格有些不合适的 4A 公司终止了合作，随后对于其他的服务团队，也提出新的要求，做了不少调整。我觉得市场也好、公关也好，是需要进化的，就像汉语在几千年中随着人们的需要，是在不断变化的，今天你听到的普通话和千年以前是完全不同的。作为我来说，会把一些新鲜的信息和视角带入联想，对传统的公关广告供应商做了调整和尝试。用互联网思维做事，高效高速；从受众角度考虑问题；用很少的钱做有价值的传播。

现在联想在市场上受到很多的挑战，我想联想或许不善于表达。在现在这个时代，表达不是单向的，它是交互的，它是直白的、鲜活的，其实联想自己也意识到了这一点。

所以我一直努力把一些新鲜的信息和视角带入联想，以互联网的方式做事，高效高速；用很少的钱做更有价值的传播。

市场要深入到商业，才能发挥更大的作用

事业线：这一年在联想市场部的工作状态有哪些变化吗？

Eva 陈蜀杰：刚刚加入的时候，各个业务线的领导人其实对市场这块并不感冒，他们觉得做市场就是表面文章，帮不到业务，比如刚开始拍杂志宣传时会有些领导不参加，他们的不参加，不是因为傲慢，而是没有感觉到这项工作对业务的帮助，我觉得让团队意识到市场的重要性也是市场部的责任，于是我花了很多时间，去跟每一个部门负责人聊，参加他们的会，并告诉团队我们的目标，一定是要帮到业务，能拉动生意。一年时间，从联想云服务，到创投基金，从智能生活方式，到虚拟运营商，大家对 Marketing 的印象有很大改变，从被动等我去找他们，到主动要求参与策划，因为真的能为他们带来商机。

事业线：有什么工作心得可以分享给所有工作在市场部的读者的吗？

Eva 陈蜀杰：Marketing 很重要的一点，就是保持新鲜的头脑和敏锐的嗅觉，瞬息万变的世界，你要永远站在趋势的前端，只有这样才能给到你的受众恰当的惊喜，对他们产生影响。而且时刻保持换位思考并不是像说的那么简单，你需要比较高的智商、情商和表达能力。

女性创业者应该用好自己的优势

事业线：怎样看待女性创业？

Eva 陈蜀杰：首先，女性的弱点是敏感，情绪化。这是一把双刃剑，女性也因此而更有创造力、更细致，女性应该利用好自己的优势，做适合自己的事。不断增长自己的工作能力，同时也可以勇敢地去美丽，无需避讳自己的女性特征。很多时候，当你跟一屋子男性管理者开会，开始的时候，他们注意到的是你的外表，他们会质疑你的能力，但当你言之有物，他们会关注你的能力和智慧。当然，我们要向男性学习，学习他们的大气、格局、决断力，创业女性要比男人还坚定，要葆有事业心。

事业线：能说说联想创投和普通创投相比的优势吗？

Eva 陈蜀杰：首先：资源的独特。联想集团是一家国际化集团公司，拥有全球化的业务，营业额接近500亿美金、全球有6万多名员工、1万多名研发人员、在全球160多个国家有业务往来。联想遍布全球的产品、研发、销售体系可以给创业团队带来全球化的产业视角和全价值链条的创业支持。

第二：独特的投资集群：联想品牌背书＋打通投融资路径。

联想投资集群包括乐基金、联想之星、君联资本、弘毅投资。被投企业可获得联想投资集群的支持。

事业线：有哪些投资项目，可以举几个例子吗？

Eva 陈蜀杰：非常多了，比如广州华阅（ZAKER）、谛听科技、FACE++、细刻等。

投资项目：广州华阅（ZAKER）

创始人：陈迟

投资后成果：ZAKER（国内最受欢迎的互动分享和个性化定制阅读软件之一。）

乐基金投资以后，觉得如果做移动互联网模式的话，应该做新闻和社交内容类的聚合阅读平台，这就是现在的 ZAKER。为了促进广州华阅的转型，乐基金与华阅的创始人陈迟每天晚上通话到凌晨，讨论战略、产品、设计、界面风格等，正是这一次转型，赋予了 ZAKER 新的生命力。现在的 ZAKER 用户数突破 1 亿，并成功获得 1000 万美元的 B 轮融资。

投资项目：谛听科技

创始人：李程

投资后成果：已经新三板上市。推出智能路由器 newifi，并获得乐基金与京东千万级美金的联合投资。

乐基金投资后，联想也给予谛听科技全方位的支持，并与谛听科技分享产品、技术、销售、推广等资源：联想为谛听科技引入百度作为战略合作伙伴；还为谛听科技打通产业链，引入京东等渠道，并在新一轮融资中将京东引入作为投资方；为了更好地帮助谛听科技发展，从 2015 年起，联想还将 newifi 品牌授予谛听科技，全方位地支持谛听科技的发展。

FACE++ 旷世科技（PR）

生物特征识别、人工智能

创始人：印奇、唐文斌、杨沐

投资后成果：成长为中国最精准的人脸识别服务平台；已获得创新工场、启明创投、蚂蚁金服等的后续投资；人脸识别技术已用于支付宝、中国90%以上的互联网银行等。已为包括支付宝在内的大量互联网企业、互联网银行提供了人脸识别解决方案，也为安防系统、教育系统提供人脸识别技术支持，并获得广泛好评。据悉，目前包括中国银行在内的中国90%以上的互联网银行都采用了Face++的人脸识别技术方案；Face++的超级摄像头安防系统还与中国公安系统合作，为"天网"系统提供人脸识别技术方案。

投资项目：细刻（StyleWe）

创始人：杨兴建

投资后成果：StyleWe 2015年8月正式上线，截至2016年1月，月平均收入已超过500万美元。

联想乐基金投资细刻（StyleWe）之后，联想集团为StyleWe提供从供应链、设计与研发、营销渠道到人力、财务、市场、法务等全价值链条的创业支持。联想副总裁姚映佳担任StyleWe首席设计师顾问，利用联想的用户研究中心进行大量、细致的分析，为StyleWe提供用户交互体系及界面风格的指导；联想为StyleWe找到供应链VP，帮助StyleWe将供应链成本降低30%以上；还将在营销渠道等领域提供战略支持。

责任编辑：高晓璐
版式设计：石笑梦

图书在版编目（CIP）数据

互联网浪尖上的女性/行走的摩羯座 著.— 北京：人民出版社，2017.1
ISBN 978－7－01－017284－2

I.①互… II.①行… III.①女性－企业家－生平事迹－世界 IV.① K815.38

中国版本图书馆 CIP 数据核字（2016）第 325408 号

互联网浪尖上的女性

HULIANWANG LANGJIANSHANG DE NÜXING

行走的摩羯座 著

人民出版社 出版发行
（100706 北京市东城区隆福寺街 99 号）

北京盛通印刷股份有限公司印刷 新华书店经销

2017 年 1 月第 1 版 2017 年 1 月北京第 1 次印刷
开本：710 毫米 × 1000 毫米 1/16 印张：14.5
字数：192 千字

ISBN 978－7－01－017284－2 定价：68.00 元

邮购地址 100706 北京市东城区隆福寺街 99 号
人民东方图书销售中心 电话：（010）65250042 65289539

版权所有·侵权必究
凡购买本社图书，如有印制质量问题，我社负责调换。
服务电话：（010）65250042